KB269397

인문학의 눈으로 축제 들여다보기

축제의 사회사

* 이 도서의 국립중앙도서관 출판시도서목록(CIP)은 e-CIP홈페이지(http://www.nl.go.kr/ecip)에서 이용하실 수 있습니다. (CIP제어번호 : 2010002533)

인문학의 눈으로 축제 들여다보기

김홍열 지음

평생 한과 흥이 많으셨던 어머님께

평생 한과 흥이 많으셨던 어머님께

언제부터인지 우리는 축제의 홍수 속에서 살고 있다. 각 지방자치단체가 주최하는 축제가 일 년 내내 계속되고 있고 기업이나 일반 단체에서도 이런저런 명목으로 축제를 기획하고 주최한다. 기차역에 붙어 있는 플래카드를 보면 새삼스레 그 많은 축제에 놀라게 된다. 이런 다양한 축제 덕분에 사람들은 예전보다 갈 곳이 많이 생겼고 즐길 것이 많아졌다. 다행한 일이다. 지난 시절보다 경제적으로 윤택해졌다고는 하지만 아직도 우리네 삶은 늘 쫓기듯 불안하기만 하다. 거창하게 신자유주의의 폐해를 운위하자는 것이 아니다. 삶이라는 것은 처음부터 불완전하고 불안한 것이다. 유한한 존재로서 인간은 늘 죽음 앞에서 불안할 수밖에 없다. 또한 매일매일 먹고사는 문제 역시 항상 힘들기만 하다. 이 두 가지 문제는 우리 모두가 피할 수 없는 영원한 숙제다. 인류 역사는 이 두 가지 문제에 대한 지속적인 해결 과정이었다. 영성을 가진 존재이면서 동시에 물질로 이루어진 육체의 한계 안에서 호흡하는 인간은 늘 이 두 문제에 대한 해답을 찾아왔다. 물론 모범 답안은 없다. 죽음을 두려워하면서도 인간은 계속 죽었고 죽어간다. 먹고사는 문제 역시 특별한 해답이 없다. 사회적 동물인 인간은 단순히 영양을 공급받는 것만으로는 사회적 생명을 유지할 수 없다. 남들보다 더 벌어야 하고 더 많이 소비해야 한다. 그러나 더 많은 소비가 생명을 더 활성화시키지는 못한다. 필요 이상의 소비는 소모적일 뿐이다.

축제는 바로 이 지점에서 시작된다. 이 두 가지 문제에 대한 통합 해결책이 바로 축제다. 축제는 유한한 생명체인 인간이 집단적 유희를 통해 카타르시스를 경험하면서 신과 하나가 되는, 접신하는 과정이다. 축제를 통하여 인간은 신이 되고 더 이상 죽음을 두려워하지 않게 된다. 그 축제를 위하여 애쓰는 과정은 노역이 아니고 창조적 행위로 수용된다. 함께 생산하고 공동으로 분배하는 과정의 앞과 뒤에는 축제가 있다. 축제는 이렇게 인간이 인류로서 직립하는 순간부터 시작되었고 지금까지 계속되고 있다. 축제는 늘 이렇게 우리와 함께 있어왔고 인간이 이 지구 위에 존속하는 한 계속될 수밖에 없다.

이 책은 이런 축제의 관점에서 세계사의 주요 사건과 개념을 재해석한 것이다. 축제가 인간이 당면한 근본적인 두 가지 물음에 대한 답이라면 당연히 축제는 인간의 역사를 이해하는 키워드가 될 수밖에 없다. 축제는 늘 우리 일상과 함께 있다. 더불어 놀고 마시는 행위는 인간의 가장 기본적인 행위다. 이 글은 가장 일상적인 주제어인 '축제'를 통해 우리 주변의 이야기와 주요 역사적 사건에 대해 이야기한다. 삶과 동떨어진 사건은 없다. 모든 사회적·역사적 사건은 우리 인간의 일상적 삶과 결코 유리되지 않는다. 우리는 이 축제를 통하여 세상을 다시 해석하고 세상을 해석하는 여러 길이 늘 가능하다는 것을 알게 된다.

축제라는 키워드로 프랑스 대혁명, 축구, 예수 그리스도, 페미니즘 그리고 사이버 스페이스를 설명할 수 있다는 것은 재미있는 일이다. 이 책의 기본적인 관점은 인문학적 통섭이다. 인문학은 모든 학문의 기초다. 인문학적 교양 없이는 결코 깊이 있는 학문의 세계로 들어갈 수 없다. 모든 학문의 최종 도착지는 인간이고 인문학은 그 인간에 대한 애정에서 출발하기 때문이다. 인문학을 기초로 한 통섭적 사고는 우리 사유의 지평을 확장시켜 준다. 프랑스 대혁명은 결코 축제와 분리되어 사고할 수 없다. 혁명은 축제를 억누르던 구체제를 상징하는 바스티유 감옥을 점령하는 것에서 시작된다. 바스티유 감옥이 함락되던 그날 파리 시민은 밤새 축제를 즐겼다. 스포츠 경기 중에서 유일하게 훌리건이 있는 종목이 축구다. 축구는 단순한 스포츠가 아니고 고대 축제 제식의 하나였다. 예수는 진정 축제를 즐길 줄 아는 사내였다. 그가 가는 곳에는 늘 축제가 있었다. 처음 이적異跡을 행한 것도 결혼식장이었다. 이렇게 우리는 축제를 통해 많은 이야기를 할 수 있고 세상을 바라보는 시야를 조금 더 넓힐 수 있다. 인문학 기반의 통섭적 사고는 이런 이야기를 풀어나갈 수 있는 단초를 제공한다.

이 책에 실린 글들은 처음부터 체계적인 기획하에 시작되지 않았다. 축제와 관련된 일을 업으로 삼고 있는 후배들에게 조금이라도 도움을 주고 싶어서 축제와 관련한 세미나를 두 달 동안 진행한 적이 있다. 세미나는 그 나름대로 성과가 있었지만 결국 일시적일 수밖에 없어서 아쉬운 마음이 들었고 그런 아쉬움에 한 달에 한 번 글을 쓰게 되었다. 기록으로 남겨 필요로 하는 사람이 읽었으면 좋겠다는 생각을 하고 조금씩 공부하면서 글을 쓰기 시작했다. 남을 도와주겠다는 생각에서 시작된 글쓰기는 결과적으로 잘못된 판단이었다. 오히려 내가 책을 보고 글을 쓰면서 행복했다. 다양한 인문학 서적을 탐미하면서 사람들이 살아온 모습, 그리고 살아가는 모습이 얼마나 다양하고 그 안에 얼마나 수많은 이야기가 있는지 다시 한 번 확인했다. 그렇게 확인해가면서 한 편씩 글을 썼다. 책을 보면 볼수록 새로운 아이디어가 떠올랐고 글을 쓰면 쓸수록 그 아이디어가 체계적으로 엮였다. 축제가 사전에 기획된 이벤트가 아니듯 이 책 역시 축제처럼 신이 나서 쓴 글들의 모음집이다.

출판을 염두에 두지 않고 쓴 글들이 책으로 나오게 된 과정에는 여러 사람의 도움이 있었다. ≪월간 이벤트≫의 정연훈 전 사장, 정종윤 현 사장을 만나지 못했더라면 아마 축제에 대한 글은 시작도 못 했을 것이다. 축제에 대한 깊은 관심은 이 두 후배로부터 시작되었다. 후배이자 친구인 권선형 박사는 이 책에 실린 모든 글을 처음부터 끝까지 다 읽고 중요한 조언을 통해 글의 완성도를 높여주었다. 부족한 글을 모아 책으로 내겠다는 만용은 성공회대학교 조희연 교수님의 권유에서 시작되었다. 조희연 교수님이 출판을 권유하지 않았더라면 여기에 실린 글은 결코 인쇄되지 못했을 것이다. 도서출판 한울의 이원기 실장은 좋은 글이라서 출판이 기대된다는 감언이설로 몇 장을 더 보태게 만들었다. 편집자 배유진 씨는 이 책에 실린 글을 예쁘게 포장해서 볼만하게 만들어주었다. 아내 이명숙은 본의 아니게 비서 역할을 맡아 참고문헌을 잘 정리해주었고 대화를 통해 내 생각을 좀 더 깊게 만들어주었다. 모든 분들에게 감사드린다. 이 분들이 없었더라면 이 책은 출판되지 못했을 것이고 나는 내 이름으로 나오는 첫 책의 기쁨을 누리지 못했을 것이다.

2010년 7월 일산에서

김홍열

차례

축제에게 질문하다

처용가 축제란 무엇인가

형용사 '낯설다'는 '서로 알지 못하여 어색하고 서먹서먹하다'라고 풀이된다. 서로 알지 못하기 때문에 어색하고 서먹서먹한 것이다. 서로 알게 되면 어색하지도 않고 서먹서먹하지도 않다. 그러니 상대와 자연스러워지고 상대를 이해하기 위해서는 서로 알아야 한다. 소통해야 한다. 가슴을 열어야 한다. 그래야 낯설지 않게 된다.

산다는 것은 끊임없이 낯선 것과 조우하는 것이다. 낯설다는 것은 어떤 기대감이고 희망이다. 물론 때로는 불안일 수도 있고 공포일 수도 있다. 혹은 이 모든 것을 포함하는 미래의 메시지일 수도 있다. 낯선 만남이 이루어질 때 하나의 이야기가 시작된다. 문명은 낯선 것과의 조우를 통하여 세련되고 다양해진다. 상대방에 대한 이해를 통해서 문명은 깊어지고 휴머니즘은 확장된다. 타자를 차별의 대상으로 인식하는 것과 또 다른 나로 이해하는 것 사이에는 커다란 간극이 있다. 낯선 것에 대한 이해가 단절되고 소통이 불가능해질 때 성장은 정지된다. 미숙아 또는 저능아 상태에 머무르게 된다. 축제는 낯선 것과의 끊임없는 조우를 통하여 하나의 이야기로 변모한다. 그리고 그 이야기가 생명력을 얻어 신화로 부활한다. 낯익은 상태에서는 긴장감이 없다. 기대감도 없고 이야기도 없다. 서사성도, 극성劇性도 존재하지 않는다. 때로는 안온한 상태가 필요하기도 하지만 그것이 축제의 본질적인 요소는 결코 아니다. 살아 존재하는 모든 것은 그 자체로 긴장의 연속성을 가진다. 축제는 이 긴장에 대한 도전이다. 긴장에 대해서 평안함으로 대처하는 것이 아니라 긴장과의 소통을 통해 긴장을 안고 함께 간다.

우리는 외국인에 대해 이중적 태도를 갖고 있다. 백인에게는 거의 무조건적으로 찬사를 보내는 반면, 동남아시아 노동자에게는 차별 대우를 일삼는 행태를 볼 때 아직도 우리 사회의 인식이 얼마나 천박한가를 알 수 있다. 낯섦에 대하여 소통으로 대응하는 것이 아니라 기존에 형성된 사고방식이나 경제적 이익 여부에 따라 판단하고 대응한다. 조선 성리학의 배타적인 계층 관념과 이후 자생적 근대화를 겪지 못한 역사적 경험이 사회문화적 유전자에 깊이 각인되어 우리는 현재까지도 낯선 것과 소통하는 데 서툴다.

낯선 것은 오랑캐다. 상종할 수 없는, 상종해서는 안 되는 불가촉천민이다. 야만인이고, 왜놈이고, 되놈이다. 이렇게 정의를 내리는 순간 모든 소통이 단절되고 낯선 것은 정복의 대상이거나 기껏 교화의 대상일 뿐이다. 상대방의 다양한 모습은 천박한 것들의 무식한 행동에 그치고 만다. 불행하게도 이런 파편화된 의식이 아직 우리의 유전자에 남아 있다. 그러나 이런 유전자가 우리 민족의 근본적인 심성은 아니다. 우리는 한국인의 속성을 이야기할 때 『삼국지』 위지 동이전의 한 구절을 즐겨 인용한다. "동이東夷 사람들은 농사 절기에 맞추어 하늘에 제사하고 밤낮으로 음주가무를 즐겼다." 민족과 국경의 개념이 지금처럼 고정불변의 실체로 인식되지 않던 시절, 우리는 밤낮으로 음주가무를 즐겼다. 이제 그 음주가무를 누구와 즐겼는지 구체적으로 살펴보자.

1. 처용에 대한 몇 가지 해석

　현존하는 향가는 총 25편이다. 그 중 주요 향가는 대부분 『삼국유사』에
실려 있다. 요즘도 국어 교과서에 실려 있는지 모르겠지만 필자는 고등학교
시절에 교과서에 나오는 주요 향가를 대부분 암기했다. 특히 관심을 가졌던
것은 처용가다.

東京明期月良	서울 밝은 달에
夜入伊遊行如何	밤 깊이 노닐다가
入良沙寢矣見昆	들어와 자리 보니
脚烏伊四是良羅	다리가 넷이어라
二肹隱吾下於叱古	둘은 내 것이고
二肹隱誰支下焉古	둘은 뉘 것인고
本矣吾下是如馬於隱	본디 내 것이다마는
奪叱良乙何如爲理古	빼앗긴 걸 어찌하리오.

　처용은 외출했다 집에 들어와서 부인이 웬 이상한 놈과 한 이불 속에 누워
있는 것을 본다. 순간적으로 많은 생각이 들었겠지만 그는 결국 그 자리를
모른 체하고 나온다. 그것도 그냥 모른 체하고 나온 것이 아니라 노래를 부르고
춤을 추며 그 자리를 물러간 것이다. 이런 처용의 넓은 마음에 반한 그 '이상한
놈'은 감격하여 처용에게 다음과 같이 말한다. "내 공의 아내를 흠모하여 범했
소. 그런데 공은 노여움을 나타내지 않았소. 감격했으며 훌륭하다고 생각하오.
맹세코 지금부터는 공의 모습을 그린 그림만 보아도 그 집에 들어가지 않겠소."
이후로 사람들은 문에 처용의 모습을 그려 붙였고 처용의 탈을 쓰고 처용무를

추면서 사악한 것을 멀리하고 경사로운 것을 맞이했다.

여기까지는 우리가 익히 아는 처용가에 대한 기록이다. 처용의 실체에 대해서는 학자들의 의견이 갈리는데 크게 세 의견으로 분류할 수 있다. 첫째, 무당이라는 의견, 둘째, 지방 호족이라는 의견, 마지막이 좀 독특한 것으로, 아라비아 상인이라는 의견이다.

> 그런가 하면 전혀 각도를 달리하여, 처용을 저 멀리 중동지역에서 이 땅에 찾아온 아라비아의 상인으로 보는 견해도 있다. 필자도 이에 동조한다. 중동과 중국을 잇는 길로 지상에 이른바 '실크로드'가 있었지만 해상에는 해상대로의 '실크로드'가 있었음을 간과해서는 안 된다. (중략) 그래서 처용은 그러한 아라비아 상인 중의 한 사람이며 이재의 능력이 뛰어나 왕의 측근에서 왕의 재정관계를 챙겨주던 인물이 아니었을까 한다. 처용을 동해 용왕의 아들이라 말했지만 바다에서 왔음을 그렇게 표현한 것으로 본다(이명구, 2007: 198).

물론 이 주장에 대한 반론 역시 있을 수 있다. 단지 추론할 수 있는 가설에 불과하다고 말이다. 그런데 처용을 아라비아 상인으로 보는 견해는 비단 이명구 교수만의 것이 아니다. 고대 동서 문화 교류사의 전문가인 정수일 교수 역시 『신라·서역교류사』에서 처용을 이방 서역인으로 해석했다. 이런 주장에는 근거가 될 만한 정황이 충분히 있다. 현재 남아 있는 신라시대의 각종 유물에는 서역을 전제하지 않고는 달리 판단할 수 없는 여러 특이한 형상이 있다. 신라 왕릉 주변에 있는 눈이 크고 턱수염이 깊으며 이마에 머리 띠를 두른 석상의 모습은 결코 우리네와 같은 종족이 아니다. 이런 사례는 도처에 널려 있다. 『삼국사기』에 따르면 서역에서 들어온 호화품에 대한 신라 귀족들의 사치가 지나쳐서 흥덕왕이 사치를 금하는 칙령까지 내렸다는 기록이 있다. 이는 서역에서 온 여러 물품이 일상화되었다는 의미로 해석할 수 있다. 필자가 말하고 싶은 것은, 신라는 고구려, 백제 등 반도 내에 인접한 타국뿐만 아니라 동남아시아, 인도, 아라비아 등 당시 서역으로 표현되던 많은 나라와 교류했고 그 교류를 통하여 찬란한 문화를 꽃피웠다는 것이다. 처용은 이러한 문화 교류의 한 상징으로 볼 수 있다. 아라비아 상인이 신라의 주요 관리가 되고 처용가의 주인공이 될 정도라면 이는 당시 신라가 얼마나 개방적인 사회였고 많은 외래인이 자유롭게 내왕했는지를 보여주는 주요 상징으로 해석할 수 있다.

2. 북청사자놀음

민속놀이 중에 북청사자놀음이라는 마당놀이가 있다. 이 놀이는 마을 사람들이 사자탈을 쓰고 이리저리 마을 어귀를 돌아다니면서 액운을 쫓아내고 복을 비는, 오랜 전통을 가진 무형 문화재 중 하나다. 북청은 함경남도에 위치한 지역이다. 여기서 간단한 질문을 하나 해보자. 그 옛날 북청 사람들이 사자를 어떻게 알았을까? 북청사자놀음에서 사자는 한자로 '獅子'다. 영어로 하면 'lion'이다. 북청 사람들이 아프리카 초원에 사는 사자를 어떻게 알았기에 사자탈을 만들고 사자를 영험한 동물의 상징으로 삼았을까? 사자는 용龍과 다르게 상상의 동물이 아니다. 사자 역시 어디에서 누군가에게 수입되거나 전래된 것이 분명하다.

사자춤에 대한 첫 기록은 삼국시대 『삼국사기』 권32악지에, 신라 말 최치원(857~?)이 지은 절구 시 「향악잡영」 5수에 나온다. 다섯 가지 놀이 중에서 산예가 바로 사자춤이다. 여기에서 사자춤이 유사, 즉 지금의 고비사막을 거쳐 왔다고 밝히고 있어 서역 계통임을 알 수 있다. '멀고 먼 사막을 건너 만리 길을 오느라고,

털옷은 다 찢어지고 먼지를 뒤집어썼네. 머리를 흔들고 꼬리를 치며 인덕을 길들이니 뛰어난 그 재주가 어찌 온갖 짐승과 같으랴.'(북청사자놀음보존회 홈페이지, www.lionmp.com)

사자춤에 대한 우리나라 최초의 기록이 최치원의 짧은 시 한 구절로 표현되어 있기 때문에 그 기원에 대한 전체적 맥락을 자세하게 알기는 어렵다. 그러나 최치원의 시와 당시 서역과 신라와의 교역사를 살펴보면 몇 가지 사실은 추론할 수 있다. 서역에서 온 상인이나 관리들은 단순히 서역의 문물을 소개하는 데 그치지 않고 실제 연기를 통하여 서역의 놀이와 풍습까지 전달했다는 것이다.

서역인들이 전달한 놀이는 사자춤만이 아니다. 금환金丸, 월전月顚, 대면大面, 속독束毒 등이 전부 서역에서 유래한 놀이다. 금환은 금칠한 공 여러 개를 공중에 던졌다가 받는 곡예로 오늘날의 저글링과 유사하다. 월전은 일종의 가면극으로 노래와 춤이 결부된 해학극이다. 대면은 황금 가면을 쓰고 역신을 쫓아내는 가면무다. 최치원은 군무의 일종인 속독에 대해 다음과 같이 묘사했다.

蓬頭藍面異人間	쑥대머리 파란 얼굴 저것 좀 보소
押隊來庭學舞鸞	짝 더불고 뜰에 와서 원앙춤 추네
打鼓冬冬風瑟瑟	장구 소리 두둥둥둥 바람 살랑랑
南奔北躍也無端	사븐사븐 요리 뛰고 저리 뛰노나.

속독을 묘사한 최치원의 한시를 한글로 옮겨놓은 운문을 감상하면 어깨춤이 절로 난다. 중앙아시아 타슈켄트와 사마르칸트 일대의 여러 곳에서 전래한 군무가 멀리 신라 땅에 들어와 신라인들에 의해 실연되는 모습을 자연스럽게 상상할 수 있다. 서역인들이 먼저 시범을 보이고 동작을 하나하나 알려준다. 신라인들

이 조금씩 따라 하면서 천천히 흥이 나기 시작한다. 어깨를 한 번 들썩일 때마다 신바람이 일어난다. 서역과 신라의 경계가 없어지고 춤과 노래로 하나가 된다.

이렇게 다섯 가지 놀이를 통해서 서역의 놀이는 오래전에 우리 풍속의 하나가 되었고 우리 축제의 근간이 되었다. 우리가 자연스럽게 즐기는 '민속놀이' 중 많은 것이 이렇게 한반도 이외의 여러 곳에서 흘러 들어와 '우리 것'이 된 것이다. 놀이를 포함하는 축제는 이렇게 유입되고 어우러지면서 확장되고 다양해진다. 신라인은 아무런 터부 없이 서역의 유쾌한 놀이 문화를 받아들여 풍요로운 문화생활을 즐길 줄 아는 열려 있는 사람들이었다.

3. 고려가요, 쌍화점

고려가요 쌍화점雙花店의 소재는 아라비아 사람이 귀화하여 고려 사회에 적응하면서 고려인과 벌인 로맨스다.

쌍화점에 쌍화를 사러 가니
회회回回 아비가 내 손목을 쥐었다
이 소문이 상점 밖에 퍼진다면
조그마한 새끼 광대인 네가 퍼뜨린 것인 줄 알리라
그 자리에 나도 자러 가리라
그 잔 데가 같이 난잡한 데가 없다.

쌍화는 상화霜花의 떡으로 무슬림 고유의 빵(만두)이고, 회회 아비의 회회는 회회인(아라비아 사람)을 의미한다. 현대식으로 해석하자면 '이국적 취향이 물씬 풍기는, 멋진 아라비아 상인이 운영하는 식당에서 벌어진 뜨거운 로맨스에 관한 이야기'다. 당시 고려는 벽란도를 중심으로 활발한 대외무역 활동을 폈다. 송나라, 요나라, 여진과는 물론이고 대식국(아라비아), 교지국(베트남), 섬라곡국(태국) 등과도 지속적으로 교역활동을 했다. 벽란도는 국제 무역항이어서 늘 외래인들로 붐볐다. 고려는 내자불거來者不拒, 즉 '오는 자는 거절하지 않는다'라는 입장이었기 때문에 외래인의 입항에 적극적이었다. 외래인들 또한 고려에 개방적이고 우호적인 태도를 유지했기 때문에 고려는 문화적 다양성을 확보할 수 있었다. 외국인과 내국인 사이의 심리적·정서적 거리감은 그리 크지 않았다. 바깥으로부터 온 많은 사람이 고려식 성姓을 하사받고 자연스럽게 귀화해서 국가의 주요 인물이 되기도 했다. 화산 이씨花山 李氏는 고려에 피난 온 베트남 왕족의 후손이고, 덕수 장씨德水 張氏는 고려 충렬왕 때 원나라를 거쳐 귀화한 무슬림의 후손이다.

고려 초기 약 100년간 이런저런 이유로 고려에 귀화한 외래인은 총 17만 명에 이른다고 한다. 고려의 수도인 개경은 이름에 걸맞게 국제도시였고 다양한 인종과 그 인종들이 가져온 다채로운 문화로 가득한 아름다운 도시였다. 특히 무슬림은 개경 근처에 집단 거주지인 이슬람 공동체를 형성해 살면서 고유 의식을 거행하기도 했다. 그들은 고려인과 조화를 이루어 살았다. 고려가요 쌍화점은 이런 배경에서 나온, 인종이 다른 두 연인의 로맨스를 표현한 것이다.

벽란도를 거쳐 개경에 온 외래인들은 또한 주요 축제의 주인공이기도 했다.

개경과 예성강 입구의 벽란도는 국제 무역항으로서 세계 각국에서 온 여러 인종으로 일 년 내내 붐비고 있었다. 특히 그들은 겨울철에 열리는 팔관회에 참석해서는 공물을 바치고 문물을 교환하며 함께 주연을 베풀기도 했다(정수일, 2005: 87).

외래인들은 그들 고유의 문화, 즉 악기와 가락, 춤을 고려에 널리 퍼뜨렸고 고려인들은 이를 아무런 거리낌 없이 받아들였다. 고려를 대표하는 축제 중 하나인 팔관회에서 외래인들은 이렇듯 인종에 관계없이 축제를 즐겼고 축제를 더욱 유쾌하게 만들었다. 이런 격의 없는 축제는 조선시대로 넘어오면서 점차 소멸하기 시작했고 이후 한반도에서는 여러 외래인들이 어울리는 축제를 몇백 년 동안 볼 수 없었다.

4. 『하멜 표류기』, 이방인의 고생담

『하멜 표류기』의 원제는 "스페르베르호가 파트 섬(조선왕국 소유)에서 실종된 1653년 8월 16일부터 이 배의 승무원 8명이 일본 나가사키로 탈출한 1666년 9월 14일까지 생존자인 장교 및 선원들이 겪었던 일과 조선왕국에서 겪었던 일, 그리고 그 나라 민족의 풍습과 그 나라에 대한 일지"라는 다소 긴 제목이다. 제목에 나와 있는 주요 단어들은 이 여행기의 주인공들이 경험한 '조선에서의 생활'이 결코 간단치 않았음을 보여준다. 실종, 탈출, 생존자라는 단어는 일반 여행객이 쓰는 표현이 아니다. 1653년이라면 조선 제17대 임금인 효종 때다. 병자호란이 끝난 지 얼마 되지 않았고 조정에 숭명배청崇明排淸의 분위기가 팽배했을 무렵이다. 이 당시에 하멜Hendrik Hamel은 조선에서 무슨 일을 겪었기 에 표류기 제목에 '탈출'이라는 단어를 넣었을까?

하멜 일행은 제주도에 표류하여 몇 개월 후 수도 한양으로 이송된다. 제주도 에서의 생활을 기록한 글을 보면 비교적 무난한 편이다. 제주 목사牧使가 누구 냐에 따라 상황이 바뀌기는 했지만 그럭저럭 잘 보냈다. 문제는 한양에 도착한 후부터다. 한양에 도착한 하멜 일행은 임금과 대신들에게는 물론, 시정의 필부

필녀에게까지 구경거리가 되고 말았다. 사람이라기보다는 괴물에 더 가깝다는 수군거림에서부터 무엇을 마실 때 코를 돌려 귀의 뒤쪽에 갖다 놓는다는 뜬소문까지 입방아가 끊이지 않았다.

우리(하멜 일행)는 날마다 중요한 사람들의 집에 오라는 명령을 받았는데 그건 그들은 물론 그들의 아내나 어린이가 우리를 몹시 구경하고 싶어 했기 때문입니다. (중략) 우리는 한동안 구경꾼 때문에 숙소 부근의 골목길을 거의 나다닐 수가 없었고 숙소에 있어도 구경꾼들은 우리에게 조금도 쉴 틈을 주지 않으려 했습니다(강준식, 2002: 237).

하멜의 이런 기록은 우리에게 몇 가지 의문을 던져준다. 하멜 일행은 왜 그렇게 진기한 구경거리가 되었을까? 고려시대 때 그 많던 색목인色目人이 왜 '갑자기' 사라지고 사람들은 이방인을 더 이상 같은 부류의 사람으로 인정하지 못하고 그저 구경거리로만 인식하게 되었을까? 앞에서 살펴본 것처럼 고려의 개경은 국제도시였다. 개경에서 무슬림은 예궁禮宮이라 부르는 이슬람교 사원에서 일상적인 종교의식을 거행했고 고려 왕을 위해 향연을 베풀기도 했다. 또 쌍화점 같은 외국 식당도 드물지 않았다. 개경에서는 일상적으로 받아들여진 일들이 한양에서는 왜 진기한 일이 되었을까?

조선의 지배 이데올로기인 성리학은 타 문화에 보수적이었다. 조선의 개국과 더불어 강력하게 주도권을 행사하기 시작한 성리학의 기세에 눌려 민중과 오랫동안 동거동락해온 불교는 산속으로 숨어 들어가야 했고 무속인들은 사회의 하층민으로 전락했다. 조선이 중화사상을 받들어 세상의 중심으로 섬겼던 명나라가 대외 폐쇄정책을 실시하면서 중국을 통해 이루어지던 서역과의 교류는 점차 중단되었다. 결국 조선은 자의 반 타의 반으로 폐쇄정책을 채택할 수밖에 없었다. 조선에 머물던 색목인들은 서서히 떠나기 시작했다. 물론 이 모든 것이 하루아침에 이루어진 것은 아니었다. 조선 초만 하더라도 무슬림은 특유의 복장으로 궁정에서 이슬람식 의례를 치렀다. 그러나 하나의 특정 이념에 대한 과도한 경도가 서서히 타 문화에 배타적인 사회적 풍조를 만연시켰고 사람들은 자연스럽게 타자와 타 문화를 차이의 차원이 아니라 차별의 차원으로 바라보기 시작한 것이다. 이것이 하멜이 제주도에 표류하여 한양으로 이송되었을 당시 조선의 모습이었다. 조선이 명나라와 성리학에 보였던 지나친 관심은 역설적으로 조선의 문화와 다양성을 훼손하는 결과를 초래했다. 조선 초기 이후 조선 사회는 점차 문화의 다양성을 상실했고 외국과 제한된 관계만을 유지함으로써 전 세계적으로 진행된 근대화의 물결에 편승하지 못하고 결국 일제에 강점되고 만다. 파란 눈의 색목인이 조선 땅에 와서 겪은 고생담인 『하멜 표류기』는 바로 이런 시대적 배경을 바탕으로 이해된다. 조선에는 신라와 고려에 있었던 타 문화에 대한 포용력이 없었다. 타 문화에 대한 이해가 사라지고 타인에 대한 애정이 상실된 곳에서 이방인이 선택하는 것은 결국 탈출이다. 하멜은 그래서 조선을 '탈출'한 것이다. 당시 조선은 자연스럽게 왔다 갔다 할 수 있는 사람 사는 곳이 아니라 이방인이 '탈출'해야만 했던 은둔의 나라였던 것이다.

5. 외국인 노동자, 또는 아라비아 상인

조선 초까지만 해도 우리 민족은 외국인에 배타적이지 않았다. 이방인에게 친절하고 그들과 함께 어울리기를 좋아했다. 외국인들을 수용하고 그들과 교류하면서 그들의 문화를 받아들여 더욱 풍성해진 삶의 향기를 즐겼다. 기록으로 남아 있는 여러 자료와 우리의 생활 문화 속에서 찾아볼 수 있는 자취는 분명 우리가 현재 향유하는 것의 많은 부분이 이민족에 의해 유입되었음을 보여준다. 오늘날 다시 많은 외국인이 우리와 더불어 살아가고 있다. 단순한 여행객에서부터 일정 기간 노동하기 위해 오는 사람까지 포함하면 해마다 수백만 명이 방문 중이고 입국 등록된 외국인의 숫자는 2000년 기준으로 8만 명이 넘는다. 이들 중 장기적으로 노동하기 위해 입국하는 경우도 많다. 본국의 경제적 상황에 따라 우리 땅에 들어와 일하고 있는 외국인 노동자는 '처용', '회회 아비'의 후손이고 우리 선조와 함께 어울렸던 '색목인'의 후예다.

사람이 그러한 것처럼 나라 역시 잘살 때가 있고 못살 때가 있는 법이다. 지금 여기에 와 있는 외국인 노동자들은 지적 수준이 떨어지는, 본국에서 추방당한 한정치산자들이 아니다. 우리처럼 오래전부터 선진 문화를 갖고 있던 민족이고 동서 문화 교류의 당사자로서 아시아 문화 발전에 큰 영향을 미쳤던 선인의 후예들이다. 우리 선조가 그들 선조와 교류함으로써 우리의 문화와 축제를 발전시키고 세련되게 만든 것처럼 우리도 그들과 소통하는 데 더 힘써야 한다. 경제적 관점에서 상대를 바라보는 순간 인간은 영성을 상실한 물질주의자로 환원한다. 축제는 그 이상이다. 소통해야 한다. 주변에 소통이 필요한 사람들이 있음에도 손을 내밀지 않는다면 축제는 없다.

매년 울산에서 개최되는 처용 문화제의 본질은 소통이다. 이 땅의 많은 이방인들이 더는 차별을 느끼지 않고 소통할 때 비로소 축제가 시작되고 그 축제는 생명력을 얻는다. 처용의 전설이 살아 숨쉬는 울산에서 이 땅의 수많은 외국인 노동자를 위하여 큰 잔치를 열면 어떨까? 그날만큼은 국적과 인종에 상관없이 먹고 마시면서 즐기면 어떨까? 체류비자가 끝난 외국인 노동자가 있다 하더라도 울산에서 축제가 벌어지는 그날에는 한시적으로 법의 집행을 멈추고 나그네 노동자의 고단함을 풀어주면 어떨까? 울산이 이 땅에서 일하는 색목인의 소도蘇塗가 된다면 처용이 다시 살아나고 그 옛날 처용무가 복원되지 않을까? 우리의 피와 살에는 회회인, 색목인을 비롯한 많은 서역인의 유전자가 기록되어 있다. 이제 외국인 노동자에 대한 우리의 인식을 상향시켜야 한다. 그들을 적선과 긍휼의 대상이 아니라 축제의 동반자로서 인정하고 함께 어울려야 한다. 역시는 축제가 무엇인가에 대한 답을 우리에게 분명하게 알려주고 있다.

축구 _ 원시 축제의 복원

어떤 종류의 '축구 이야기'라 하더라도 축구 이야기를 시작할 때 그 서두는 '한일 월드컵'에서 출발해야 '정상'일 것 같은 생각이 든다. 2002년 당시 최소 초등학생 이상, 아니 유치원생 이상이었다면 그때의 뜨거웠던 열기를 결코 잊을 수 없을 것이다. 시청 앞에서 대규모의 관중이 모여 함께 응원했던 그때, 그 자리에 있던 사람뿐 아니라 전국 어디에 있든, 아니 해외에 있든 '한국인의 피'가 흐르는 사람이라면 그 누구라도 같은 감정을 느꼈을 것이고 그 감정은 감동과 환희를 뛰어넘어 집단적인 엑스터시를 가져다주기에 충분했다. 2002년 한일 월드컵 이후 2006년 독일 월드컵이 개최되기 전까지 지상파를 비롯한 모든 방송이 한일 월드컵의 감동적인 순간을 반복해서 계속 내보냈지만 어느 누구도 불평하지 않았다. 국민 모두가 한일 월드컵이라는 거대한 축제에 자발적으로 세뇌당했다고 볼 수밖에 없었다.

한일 월드컵에서의 4강 진출은 1945년 8월 15일 광복이 가져다준 감동과 비교되기도 한다. 10대 후반에 맞이했던 광복의 기쁨을 기억하고 있는 전 연세대학교 사학과 김동길 교수는 2002년 6월 27일 ≪세계일보≫ 정담鼎談에서 다음과 같이 말했다.

지금까지 우리를 감동시킨 사건 중 하나가 광복이었습니다. 광복이 나고 6·25 전쟁이 나고 피란을 가고 서울이 수복되고 했는데 제 삶에서 한국 팀의 4강 진출은 광복 못지않은 감격적인 일입니다(≪세계일보≫, 2002. 6. 27).

한일 월드컵에서의 4강 진출이 대한민국의 광복만큼이나 감격스럽다는 것이다. 이렇게 광복의 기쁨과 한일 월드컵 4강 진출의 환희를 같은 비중으로 받아들이는 사람은 김동길 교수뿐만이 아니다. 서울대학교 경영학과 주우식 교수 역시 2002년 6월 16일 ≪한국경제신문≫ 시론에서 같은 말을 했다. "해방 이후 우리 국민을 이토록 열광시킨 사건은 없다." 지면 관계상 두 사람의 기사만 언급하지만 당시의 언론 보도를 보면 한일 월드컵에서의 선전에 대한 국민의 환호를 해방의 기쁨과 비교한 글이 상당히 많다. 그 중에 '광복의 기쁨'을 실제로 겪어보지 못한 사람의 '상상력'에서 나온 글에는 다소 신뢰감이 떨어지겠지만 1945년 당시 역사의 현장에서 광복의 기쁨을 체험한 사람의 이야기라면 어느 정도는 신뢰할 만하지 않을까 생각한다.

한일 월드컵에서의 4강은 정말 대단한 일이었다. 이에 대해서는 누구나 동의한다고 전제하고 조금 '비판적'으로 생각해보자. 월드컵에서 우승한 것도 아니고 '기껏해야' 4강인데, 그리고 올림픽처럼 종합 체전의 형식도 아니고 단일 구기 종목에 '불과한' 축구 경기에서의 4강을 '감히' 대한민국의 광복 같은 '신성한' 국가 경축일과 비교할 수 있단 말인가! 다른 사례를 들어보자. 1988년에 개최된 제24회 서울 올림픽에서 한국은 전 종목에서 선전해 최초로 세계 4위를 차지했지만 당시 분위기가 한일 월드컵만큼은 아니었다. 그리고 2008년 베이징 올림픽에서 야구가 9전 전승으로 금메달을 획득했을 때에도 한일 월드컵 4강만큼의 감격을 주지는 못했다. 단지 단일 종목인 축구 경기에서 4강에 오른 것이 올림픽에서 4위를 기록한 것이나 야구에서 우승한 것보다 사람들을 더 열광시킨 이유는 도대체 무엇일까?

한일 월드컵 4강 당시의 분위기는 특정 종목에서 선전한 데 대한 일회적이고 즉흥적인 환희가 아니었다. 거기에는 스포츠를 뛰어넘는 거대한 서사 구조가 있었다. 스포츠 경기의 명장면에 환호를 보낸 것이 아니었고 상대 국가를 연파했다는 승리감에 도취되었던 것도 아닌, 스포츠를 뛰어넘는 그 무엇이 있었다는 이야기다. 그것이 무엇일까? 무엇이 전 국민을 열광의 도가니로 몰아넣고 광복의 기쁨과 같은 희열을 느끼게 했을까? 축구에 사람들을 열광시키는 무언가가 내재된 것이 아닐까? 만약 그렇다면 그것은 무엇일까? 축구의 어떤 속성이 전 국민을 하나로 만들었을까? 축구가 다른 종목과 다른 점이 무엇일까?

1. 축구는 언제 시작되었을까

역사적 기록을 살펴보면 축구의 기원은 신석기 시대까지 올라간다. 물론 그 당시의 '축구'가 현대의 '축구'와 동일한 방식의 경기인지에 대해서는 다소 논란의 소지가 있지만 축구를 '두 집단으로 나누어, 발로 공을 이용해서 즐기는 놀이'라고 정의한다면 축구의 오랜 기원은 문헌을 통해 증명될 수 있다.

더욱 흥미로운 것은 가장 오랜 축구 역사를 갖고 있다는 중국의 주장이다. 축구와 유사한, 발로 차는 시합에 쓰이는 돌로 된 공이 신석기 시대에 산시 성에서 만들어졌다(줄리아노티, 2004: 25).

신석기 시대 후반기로 들어서면서 인간은 오랜 수렵생활에서 벗어나 한곳에 정착하기 시작했다. 수렵과 채집의 원시생활에서 벗어나 파종과 수확의 메커니즘을 조금씩 터득하고 원시적 집단 문화를 개발하고 향유하기 시작했다. 신석기 시대에 이미 축구의 흔적이 발견되었다는 것은 축구가 원시적 집단 문화의 한 원형이라는 가정에 일정 정도 정당성을 부여해준다. 중국의 주장이 객관적 타당성을 확보할 수 있느냐에 대해서는 좀 더 깊은 연구가 필요하지만 '돌로 된 공'이 존재했다는 사실은 공을 이용한 어떤 놀이가 있었다는 것을 의미한다. 돌은 선사시대의 유일한 생존 도구였고 동시에 놀이 도구이기도 했다. 생존과 놀이, 생존과 축제는 늘 하나였다. 인간은 돌을 갈아 생존의 도구를 만들었고 돌을 다듬어 놀이 도구를 만들면서 역사시대로 진입하기 시작했다.

선사시대에서 역사시대로 접어들면 축구에 관한 기록이 도처에서 보이기 시작한다. 중국 한나라(기원전 206년~기원후 220년) 때 현재의 축구와 같은 축국蹴鞠이 만들어져서 사람들이 즐겼다는 기록이 있고 우리나라에도 『삼국사기』와 『삼국유사』에 신라시대의 축국놀이에 대한 기록이 있다. 삼국통일의 대업을 달성한 신라의 두 주인공, 김춘추와 김유신이 축국을 즐기다가 김유신의 공격에 김춘추의 옷고름이 떨어져 나가고 이것이 계기가 되어 김유신의 동생과 김춘추가 혼인한 이야기가 나온다. 고구려 사람 역시 축국을 즐겼다는 기록이 있다. 중국 역사서인 『구당서舊唐書』 고구려 편을 보면 '고구려 사람은 축국을 잘한다'라는 구절이 있다. 즉, 삼국시대 때부터 이미 축구가 보편화되었고 사람들이 즐겼다는 기록으로 미루어 볼 때 축구는 우리 문화에 오래전부터 뿌리내린 생활 놀이였다고 할 수 있다.

유럽에서는 축구의 초기 형태를 로마의 하르파스툼Harpastum, 혹은 그리스의 에피스키로스Episkyros에서 찾는다. 기원전 3세기경 이집트 벽화에서도 축구와 관련된 그림이 발견되었다. 이보다 더 오래전인 기원전 1500년에 아메리카 대륙에서 축구가 처음으로 탄생했다는 의견도 있다. 우루과이의 저널리스트인 에두아르도 갈레아노Eduardo Galeano는 '기원전 1500년경 중앙아메리카와 아마

존의 일부 지역에서 원주민들이 축구를 했다'고 주장한다. 북아메리카에서도 유사한 경우가 발견되었다. 17세기 초 영국의 청교도들이 북아메리카에 도착했을 때 원주민들은 이미 축구를 하고 있었다.

상술한 기록을 종합적으로 이해하고 분석해본다면 사실상 축구의 기원을 어느 한 지역에 한정하기란 힘들다. '알파벳' 또는 '종이'와 같은 특정 문명의 산물은 추적이 가능해서 그 기원과 역사를 밝히기가 용이하겠지만 축구의 경우는 특정 지역에서 기원했다고 주장하는 것이 사실상 무의미할 수 있다. 다소 '거친' 주장을 펼친다면 아프리카나 오세아니아에서도 오늘날 축구와 유사한 경기가 존재했을 것이다. 단지 문자나 그림으로 남아 있는 고대사회의 모습이 없기 때문에 상상하는 데 제한이 따를 뿐이다. 즉, 축구는 인류가 공동체 생활을 하면서 시작한 원시적 놀이의 하나였다고 여겨진다. 그것은 춤과 노래와 마찬가지로 노동 후에 긴장을 푸는 행위 중 하나였으며 축제의 한 요소였다. 다만 축구는 춤과 노래와 달리 상대방을 전제로 즐기는 놀이라는 것이 다른 점이라고 볼 수 있다.

로마인들은 새로운 점령지에 공 시합을 도입할 의무가 있었지만 이러한 의무의 실행은 자연의 힘과 다산에 대한 숭배를 불러일으키는 고대의 종교 행사로 북부의 관습에 뿌리를 두고 있는 것이었다. 예로 프랑스 북부의 갈리아 지역에서는 태양을 숭배하는 종교의식적인 시합을 가졌다(줄리아노티, 2004: 25).

즉, 그 당시 축구는 현대 축구가 '경쟁'이라는 스포츠 속성을 주요 요소로 삼는 것과는 다르게 상대방과 함께 집단적 엑스터시를 경험하는 '종교의식적인 시합'으로 기능했던 것이다. 결론적으로 축구는 인간의 문화 활동의 시작과 더불어 출발했고 축제의 한 요소이자 종교의식의 한 요소였으며 다른 어떤 축제 장르보다도 박진감 넘치는 놀이였다.

2. 축구, 다시 돌아오다

근대 축구의 기원에 대해서는 학자들 사이에 어느 정도 의견이 일치한다. 대략 19세기 중반 이후 영국 사립학교에서 시작되었다고 보는 견해가 지배적이다. 이때부터 성문화된 규칙이 만들어지고 축구협회가 결성되어 공정한 게임이 가능하게 되었다. 즉, 축구가 '놀이'에서 '스포츠'로 질적 전환을 한 것이다. 여기에서 단순한 질문을 하나 해보자. 고대인의 즐거운 놀이 중 하나였던 '축구'가 어느 날 갑자기 행방불명되었다가 천 몇백 년이 흐른 다음 불현듯 나타난 이유는 무엇일까? 매우 단순한 놀이라서 누구라도 쉽게 할 수 있는 이 중독성 강한 스포츠가 어떻게 하루아침에 사라졌을까?

> 모든 스포츠 가운데 사람을 가장 미치게 만드는 종목은 단연 축구다. 축구의 구조가 그렇다. 축구는 종교요 전쟁이다. 축구 의식儀式은 종교의식과 매우 비슷하다. 경건과 열광이 교차한다. 축구가 종교가 아니라면 적어도 주술呪術인 건 분명하다 (강준만, 2006: 4).

이런 축구가 사람들의 문화 활동에서 사라졌던 것은 아니다. 단지 조용히 때를 기다렸던 것이다. 축구만이 아니다. 모든 축제의 요소가 어느 시기부터 견제와 탄압의 대상이 되었고 그 자리에 대신 '경건한 믿음'이 들어섰다. 축제적인 모든 요소는 '세속'적인 오락으로 치부되어 하나씩 사형선고를 언도받은 것이다. 고대의 모든 축제적 요소가 로마의 기독교 공인화 이후 점진적으로 소멸되었으며 다시 '부활'하기까지 르네상스와 산업혁명을 거쳐야 했다. 실제로 중세 암흑기에는 모든 축제적 요소가 '이단'적이라는 이유로 탄압받았지만 완전하게 소멸된 것은 아니었고 민중의 삶 속에서 일정하게 다양한 방식으로 존재해 왔다.

> 중세와 근세 유럽의 민속사를 살펴보면 민중들 사이에서 행해지던 격렬한 공놀이 문화를 발견할 수 있다. 문서로 정리된, 규칙 없이 전통에 따라 이루어진 이러한 공놀이에는 수많은 유형이 존재하고 있다(바알, 1999: 12).

고대 이전부터 시작된 '축구'라는 놀이는 축제적이고 종교의식적인 성격으로 기독교 공인 이후 다른 축제의 요소와 함께 침체되었지만 민중의 삶 속에 오랜 시간 뿌리내렸던 근원적 기억까지는 훼손되지 않았다. 민중은 엄숙한 종교 생활로는 채우기 힘든 삶의 영역을 축구와 같은 민속놀이를 활용해 즐겼다. 축구는 없어진 것이 아니라 잠시 민중의 삶 속에 잠복해 있었던 것이다. 그리고 때로는 사육제 기간에 축구 시합이 열리기도 했다. 즉, 축구는 민중의 삶 속에서 계속 하나의 축제로 존재해왔다. 이렇게 하나의 놀이로서 특별한 규칙 없이 즐기던 축구에 성문화된 규칙이 생기고 합리적인 방식이 뒤따르게 된 것은 근대 자본주의의 성립이라는 맥락에서 이해할 수 있다.

> 많은 사람들이 일자리를 찾아 도시로 이주하면서 구시대의 소일거리인 곰놀리기, 닭싸움, 마을 대항 축구 같은 놀이들이 사라졌다. 새로운 노동계급은 비문명적이고 광적인 놀이를 없애고 싶어 하는 개화된 부르주아의 도덕률에 따라야만 했다. 노동자들은 현대적인 축구와 다른 종목에 대한 규칙과 형식이 성문화된 1860년이 되어서야 다시 자신들이 몰두할 만한 오락을 찾게 되었다(줄리아노티, 2004: 31).

산업혁명 이후 탄생한 신흥 부르주아 계급은 노동자를 '적절한 범위' 내에서 통제할 필요가 있었다. 가톨릭은 종교개혁 이후 '유일적' 권위를 상실했고 사람들은 더 이상 지구가 우주의 중심이 아니라는 것을 알게 되었다. 농민은 노동자로 변신하면서 강제로 자본주의 경제체제의 '주역'이 되었고 합리적으로 판단할 수 있는 지적·사회적 기반을 점차 확보했다. 노동자 계급에게 놀이가 필요하게 된 것이다. 폭력적 노동 조건을 완화시킬 사회보장체계는 아직 미비했고 정신적·육체적으로 피폐된 노동자들에게는 분출구가 필요했다. 다시 축제가 복원되기 시작했다. 상업화된 상설 극장이 생기고 예술의 상업화·대중화가 이루어졌다. 또한 축제 중 가장 '과격한 놀이'였던 축구 역시 복원 절차를 밟았다.

축구는 다른 스포츠와 달리 대중적인 종목이었다. 축구를 하려면 축구공과 공터만 있으면 된다. 승마와 골프 같은 귀족 스포츠와는 질적으로 다르다. 규칙도 매우 단순하다. 두 편으로 나누어 진행하는 경기 방식은 응원하는 사람들의 흥분도를 최대한도로 고양시키는 효과가 있다. 축구에는 축제의 본성이 그대로 녹아 있다. 영국의 노동자 계급은 부활된 축제인 축구를 통하여 인위적인 엑스터시의 세계로 빠져들고 훌리건hooligan이 되어 노동의 고단함을 잊을 수 있었다. 산업혁명의 발상지가 축구의 종주국인 것은 당연한 귀결이다. 부르주아 계급은 축구 경기에 적절한 규칙만 만들어주면 되었다. 축구는 경기 규칙이라는 합리적 틀 안으로 포섭되면서 부르주아가 만들어놓은 시민사회의 질서에 적응해가기 시작했다. 지역마다 축구협회가 만들어지고 지역별·국가별 경기가 진행되면서 축구는 지역을 대표하는 특정 상징이 되고 노동자 계급은 자신과 지역을 동일시하면서 서서히 계급적 관점에서 벗어나기 시작했다. 축구를 통하여, 축제를 통하여 엑스터시를 체험하고 하나의 영적 주체로서 각성했던 원초적 경험이 상대방에 대한 조작된 경쟁의식으로 변질되자 노동자 계급은 매경기 승부 자체에 매달리는 구경꾼으로 전락하고 만다.

축구는 돌아왔지만 고대나 중세와 같은 집단적 엑스터시의 요소는 사라졌고, 이제 잘 정리된 규칙을 갖춘 스포츠가 되었다. 스포츠가 된 축구에 참가하는 사람은 소수의 선수로 제한되었다. 사람들 대부분은 선택된 소수의 선수가 펼치는 경기를 구경하는 관람객이 되었다. 축구가 공동체적 축제에서 관람성 경기가 되면서 축제를 통한 엑스터시는 구경을 통한 일회적 즐거움으로 변했다. 축구는 돌아왔지만, 매우 '단정'하게 돌아왔다.

3. '축구는 한국이다'

비록 '단정'하게 귀환했지만 축구의 근본 성격까지 바뀐 것은 아니었다. 축구의 축제적 요소는 점차 살아나기 시작했으며 다시 모든 경기 중에서 최고 지존의 자리에 올랐다. 축구만이 유일하게 전 세계인이 즐기는 구기 종목이다. 축구가 벌어지면 모든 것이 멈추고 사람들은 함께 즐기기 시작한다. 그것은 관람이 아니고 참여하는 것이며 선수와 더불어 뛰고 노는 것이다.

축구가 사람들의 축제로 부활한 이유 중 하나는 그 단순성을 꼽을 수 있다. 축구는 매우 단순한 경기다. 야구나 농구 등과 비교해보면 단순성이 더 잘 드러난다. 포지션이 있기는 하지만 경우에 따라서 전원 공격·수비가 가능하다. 손만 빼고는 몸의 모든 곳을 활용할 수 있다. 이 단순함이야말로 대중이 축구를 사랑하게 만드는 중요 조건이다. 유독 축구에만 훌리건이 있는 이유 역시 같은 맥락에서 찾을 수 있다. 단순한 집단 축제의 놀이, 바로 이런 요소가 놀기 좋아하는 한국인의 정서와 맞물리면서 엄청난 에너지를 만들어냈고 한국인은 한일 월드컵 당시 집단적 카타르시스의 환희를 맛보았다.

한국인은 한과 흥이 많은 민족이다. 한과 흥은 서로 교직되어야 한다. 맺고 풀어져야 한다. 씨줄과 날줄처럼 서로 얽매여서 단단하게 결합되어야 한다. 한과 흥 중 어느 하나만 강조되어서는 안 된다. 둘은 늘 함께여야 한다. 함께여야 창조적 에너지가 발흥한다. 그러나 현실은 항상 그렇지 못했다. 흥보다는 한이 우리의 주 정조情調였다. 오랜 역사적 궤적을 살펴볼 필요 없이 최근세 역사만 더듬어 봐도 우리의 역사는 항상 시련과 고통으로 점철되어 있었다. 개인적인 한 맺힘만 아니라 집단적 한 맺힘 또한 여전히 남아 있고 여러 정치사회적 환경이 지속적으로 한풀이를 억제해왔다. 과도한 음주 문화와 노래방을 통한 여흥 즐기기는 집단적 한 맺힘을 개인적으로 풀어내는 방식이다. 그러나 이런 방식의 한 풀기에는 늘 미련이 남는다. 다 풀리지 않고 뭔가 아쉬움이 남는 미완의 한 풀기 방식이다. 집단적 한 맺힘은 집단적 흥을 일으키는 집단적 놀이로 풀어야 한다. 집단적 한을 풀기 위해서는 우선 광장이 있어야 한다. 모일 곳이 있어야 하는 것이다. 그곳에는 아무 장막도 없어야 하고 누구라도 와서 울고 웃을 수 있어야 한다. 그리고 축제가 있어야 한다. 몸을 움직여 춤출 수 있어야 하고 목청 높여 노래 부를 수 있어야 한다. 광장은 한 사람 한 사람 내면에서 출발한다. 저어하는 마음이 사라지는 순간 광장은 시작된다. 여러 사람이 모이면서 광장은 내면으로부터 물리적으로 확대되기 시작한다. 여러 사람이 어울리면서 축제는 시작되고 광장은 확충되며 집단적 한풀이는 최고조를 향하여 올라가기 시작한다.

한일 월드컵은 단순한 축구 경기가 아니었다. 삶의 모든 영역에서 흥이 없는 척박한 조건을 숙명처럼 안고 살아가는 한국인에게 집단적 한풀이를 가능하게 만들어준 축제였다. 시청 앞에서 광화문에 이르는 서울광장은 늘 규제와 단속이 일상화된 폐쇄된 공간이었다. 인위적 조형물과 정부의 홍보 현수막만 진열된 계몽의 장소였다. 이런 장소가 조금씩 축제의 마당으로 변하기 시작했다. 첫 경기에서 폴란드를 이기고 두 번째 경기에서 미국과 대등하게 비기면서 광장은 폐쇄된 공간에서 해방의 공간으로 전환되었고 사람들은 단속과 감시의 대상에서 축제의 주인공이 되었다. 사람들은 축구를 통해, 축구를 즐기면서 폐쇄된 공간을 해방의 마당으로 만들었다. 여기에는 축구의 단순성이 한몫했다. 축구는 가장 단순한 경기다. 축구 경기의 규칙을 이해하지 못하는 사람은 없다. 그렇기에 축구만이 모든 사람을 하나로 만들 수 있다. 어떤 매개를 통하여 남과 내가 하나가 되는 것은 쉬운 일이 아니다. 매개를 통한다는 것은 늘 학습을 필요로 하며 왜곡될 가능성도 존재한다. 많은 스포츠 종목 중 대부분에 일정한 학습이 요구된다. 따라서 마니아 계층이 다를 수밖에 없다. 하지만 집단적 한풀이를 위해서 필요한 것은 학습이 아니라 쉽게 동화될 수 있는 축제적 요소—축구의 단순한 규칙성이 이에 해당한다—다.

서울광장은 마당놀이의 장이 되었고 사람들은 쉽게 마당놀이의 주역이 되었다. 축구는 매개 역할을 해 사람들을 마당으로 이끌어냈고 사람들은 축구를 통하여 집단적 한풀이를 누릴 수 있었다. 광대의 탈춤을 보면서 사람들은 조금씩 이를 즐기기 시작했고 광대를 응원하면서 서서히 광대와 하나가 되기 시작했다. 바깥에 서 있던 구경꾼의 입장에서 어느덧 마당 안으로 들어와 더불어 노는 마당놀이의 주인공이 된 것이다.

한풀이는 집단적으로 이루어져야 한다. 한풀이에 참가하는 모든 사람이 집단적 엑스터시를 체험해야 한다. 누구라도 참여할 수 있고 즐길 수 있어야 한다. 한일 월드컵은 축구의 축제적 요소와 한민족의 집단적 한풀이 그리고 낙천적인 집단 놀이문화가 어우러진 최고의 축제였다. 35년간 일제 치하에서 겪은 그 서러운 한 맺힘이 해방을 통하여 집단적 한풀이로 승화된 것처럼, 왜곡된 근대화를 통해 치열한 경쟁사회에 시달리던 사람들이 광장을 점거하고 광장의 주인공이 되어 펼친 신명나는 놀이 한판이었다.

4. 축구와 혁명

움베르토 에코Umberto Eco가 말한 것처럼 월드컵이 벌어지는 일요일에는 결코 무장투쟁이 불가능하다. 축구 경기가 있는 일요일에는 혁명이 불가능한 것이다. 축구를 통해서 축제의 엑스터시를 맛보든 혁명을 통해 축제의 주인공이 되든 결국 한가지일 텐데 누가 축구 경기가 있는 일요일에 피 흘리는 혁명을 원하겠는가!

혁명의 목적이 평등을 완전히 구현하는 데 있다면 축제와 혁명은 결국 하나일 수밖에 없다. 축제는 고대사회에서 평등을 구현하는 실질적 행위였고 혁명은 평등이 불가능한 현대사회에서 평등한 세상을 구현하기 위한 집단적 갈망이자 그 갈망을 현실화시키려는 실천적 행위다. 그러나 우리는 이미 고대인이 아니고 모든 사람이 완전히 평등해지는 세상은 더 이상 가능하지 않다. 현대인은 더 이상 유토피아를 갈망하지 않는다. 단지 좀 더 나은 세상을 만들기 위해 나아갈 뿐이다.

페미니즘 완전한 축제의 서곡

남자(여자)가 여자(남자)를 제대로 이해한다는 것이 가능할까? 화성에서 온 남자와 금성에서 온 여자가 또 다른 행성, 지구 위에서 공존한다는 것이 대체 가능할까? 연애 상대로서의 이성에 대한 감성적인 접근에서부터 성별에 따른 사회적 차별에 이르기까지 성에 대해 이루어진 광범위한 연구의 결과들은 우리의 인식을 제고하는 데 어느 정도나 도움이 될까? 태초부터 종말의 그 순간까지 공존할 수밖에 없으면서도 끝내 평행선을 달리는 남자와 여자의 관계를 어떻게 이해하는 것이 정답일까?

사회적 현상을 학문적·이론적으로 분석하려는 입장에는 하나의 공통점이 있다. 결론이 다소 유보적으로 정리된다 하더라도 모든 현상은 결국 분석이 가능하다고 주장하는 태도다. 이러한 경향은 대체적으로 긍정적이다. 가능하지 않은 일을 할 이유는 분명히 없다. 실상 분석을 통해 전체적으로 이해하는 것이 다소 불안해 보여도 그런 이유 때문에 연구 자체가 문제시되는 것은 아니다. 자본주의, 근대성, 정보사회 등과 같은 거대 담론에서부터 구체적 사회현상에 대한 연구에 이르기까지 현대사회에서는 모든 것이 해부되고 세밀하게 묘사된다. 현미경 아래 더 이상 숨길 수 있는 것은 없다. 근대의 학문은 현미경과 망원경 역할을 하면서 세상을 분석해온 결과 인간의 모든 것을 이해할 수 있다고 주장한다. 더는 감추어진 것이 없고, 모호한 것은 단지 분석의 시간이 필요할 뿐 미확인 물체는 존재하지 않는다.

모든 것이 이런 주장에 만장일치의 박수를 치려는 순간, 페미니즘은 단호하게 반대한다. 이런 주장은 남성의 언어에 의한 일방적인 편견이라고, 여성의 언어는 결코 '객관'을 말한 적이 없다고 말한다. 다만 경합하고 유동한다고 이해할 뿐이라고 서술한다. 그렇다면 다시 시작해야 한다. 지금까지의 모든 역사는 반쪽의 역사, 불완전한 해석에 불과하다. 분석은 기본적으로 타자에 대한 거리 두기에서 출발한다. 거리 두기에서 타자와의 관계는 소통이 아니라 목적을 의미한다. 이때 목적이 필요로 하는 특정한 대상은 계몽, 교화, 또는 정복의 대상이다. 거리 두기가 전제하는 분석은 타자를 자기와 동일시하지 않기 때문에 제한된 인식의 범위 안에서만 존재를 드러낼 수 있을 뿐이다.

페미니즘의 이런 해석은 페미니즘이 단지 특정 이데올로기의 한 부류가 아니라 삶에 대한 총체적 인식 체계라는 것을 보여준다. 그것은 학제 간 통섭의 차원을 훨씬 뛰어넘는다. 이성과 감성, 영성, 무의식의 세계까지 아우르는 우주적인 차원을 의미한다. 페미니즘은 다시 인간을 이해하는 것, 대상으로서가 아니라 또 다른 자아로서 함께하는 것, 소통하면서 어울리고 다시 하나가 되는 과정 위에 서는 것, 하나였던 인간이 둘로 분화되면서 생긴 그 많은 불협화음을 뒤로 하고 처음의 모습을 되찾는 것, 모든 것이 하나였던 태초로 돌아가서 다시 사랑하자는 선언, 이런 것들의 합집합이다.

둘이 하나가 되는 순간 사랑이 완성된다. 사랑은 신의 다른 이름이다. 둘이 하나가 되는 순간 인간은 신이 되는 것이다. 페미니즘은 신의 길을 가기 위한 긴 여정이고 축제로 가기 위한 실크로드다. 신에 의해 분리되었고 인간에 의해 고착화된 원초적 사랑을, 옛 축제를 다시 찾아야 한다.

1. 아담으로부터 나온 하와

성서의 창세기에 실려 있는 천지창조 이야기는 해석에 따라서 대립적인 두 세계관을 보여준다. 천지창조 이야기 중에서 아담으로부터 하와가 탄생하는 과정은 가부장제와 페미니즘 이론을 형성하는 주요 모티브를 제공했다. 태초에 한 인간이 창조되었고 그 인간이 다른 생물과 공존하는 과정은 아무런 문제없이 묘사된다. 인간은 신의 형상을 따라 창조되었다. 성서는 이 과정을 다음과 같이 묘사한다. "우리가 우리의 형상을 따라서 우리의 모양대로 사람을 만들자." 하나님의 형상대로 사람이 창조되었고 사람은 신을 대리해서 자연을 다스린다. 신의 대리자 인간은 신에게서 부여받은 사명을 하나씩 실행하면서 에덴의 주인이 된다. 여기까지의 이야기는 신과 동격인 인간의 이야기다. 인간은 아직 남성과 여성으로 분리되지 않았고 한 개체 안에 양성이 공존하고 있다. 이는 신역시 한 개별적 성을 대표하는 것이 아니라 양성의 혼합체임을 상징한다. 신의 완전성은 양성의 통합에서부터 출발한다. 신의 전지전능은 가부장 권력으로 설명되는 것이 아니다. 무소불위의 막강한 권력으로 천지를 창조하고 모든 세상 만사를 주관하는 신의 모습은 최소한 창조 과정에서는 보이지 않는다. 그러나 인간은 신이 아니고 신은 번식할 수 없다. 자존하는 유일신은 하나뿐이고 인간은 생육하고 번성할 책임이 있다.

여호와 하나님이 가라사대 사람의 독처하는 것이 좋지 못하니 내가 그를 위하여 돕는 배필을 지으리라 하시니라 여호와 하나님이 흙으로 각종 들짐승과 공중의 새를 지으시고 아담이 어떻게 이름을 짓나 보시려고 그것들을 그에게로 이끌어 이르시니 아담이 각 생물을 일컫는 바가 곧 그 이름이라 아담이 모든 육축과 공중의 새와 들의 짐승에게 이름을 주니라 아담을 돕는 배필이 없으므로 여호와 하나님이

아담을 깊이 잠들게 하시니 잠들매 그가 그 갈빗대 하나를 취하고 살로 대신 채우시
고 여호와 하나님이 아담에게서 취하신 그 갈빗대로 여자를 만드시고 그를 아담에
게로 이끌어 오시니 아담이 가로되 이는 내 뼈 중의 뼈요 살 중의 살이라 이것을
남자에게서 취했은즉 여자라 칭하리라 하니라(창세기 1:18~23).

아담과 하와의 최초 결합은 자신과의 대화, 커뮤니케이션을 의미한다. 아담
이 '모든 육축과 공중의 새와 들의 짐승에게 이름을 주는' 일을 하지만 아담을
돕는 배필이 없으므로 신이 그에게서 여자를 창조했다는 것은 자신의 언어가
외화되면서 생기는 절대 고독을 상정한다. 아담이 동물들에게 이름을 부여하면
서 동물들은 의미를 얻는다. 그러나 동물들은 아담의 이름을 부르지 못한다.
반향이 없는 발설 속에서 느끼는 고독은 프란츠 카프카Franz Kafka의 『성』에서
나타나는 의미와 일맥상통한다. 결코 열리지 않는 성 앞에서 인간이 겪어야
하는 절대 고독을 아담은 에덴에서 느낀다. 아담은 살아 있는 모든 것에 이름을
부여하지만 그 대상들이 아담의 이름을 부를 수 없음을 알고는 실존적 고독을
느끼고 그 고독에 대한 해결책으로 살아 반향하고 대화할 수 있는 어떤 존재를
갈구한다. 그러나 그 존재는 본인과 상관없는 다른 질료로부터 생성되는 것이
아니다. 그것은 아담 내부에 있는 또 다른 아담이다. 여호와 하나님은 아담을
깊이 잠들게 하고 그의 갈빗대 하나를 취해 여자를 만든다. 갈빗대는 아담
내부에서 나온 질료다. 아담이 그리워한 것, 아담의 대화 상대, 아담의 사랑은
아담 자신인 것이다. 모든 육축과 공중의 새와 들의 짐승에게 이름을 줄 때
아담은 자기 자신과 대화하고 싶은 충동을 강하게 느낀다. 이는 외화된, 자신으
로부터 소외된 존재가 자신에게 회귀하려는 강력한 욕망의 표현이다.
　관점을 바꾸어 최초의 인간을 아담이 아니라 하와로 상정해도 동일한 결론을
이끌어낼 수 있다. 하와가 그리워한 것은 하와 자신이다. 하와의 다른 이름이

아담인 것이다. 하와가, 아니 아담은 애초 존재하지 않았던 것이고 하와와 아담은 따로 창조된 것이 아니다. 아담과 하와는 동일한 형상의 다른 이름인 것이다. 아담과 하와 두 사람이 벌거벗었으나 부끄러워 아니한 것은 둘이 아니라 하나이기 때문이다. 아담과 하와는 상대방을 타자가 아니라 외화된 자신의 또 다른 모습으로 느낀다. 둘 사이에는 내적 연속성이 존재하며 이는 나르시즘의 헤브라이즘적 표현이다. 두 사람이 벌거벗었으나 부끄러워 아니할 때 페미니즘은 존재하지 않았다. 상대방의 나체가 부끄러워 눈길이 혼란스럽기 시작할 때 페미니즘은 발언을 시작한다.

페미니즘은 분리를 말하지 않는다. 상대방은 타자가 아니라 나의 다른 모습일 뿐이다. 내 안에는 내가 무수히 많고 그 각각은 나와 분리해 설명할 수 없다. 분리와 객관, 분석, 판단은 내 안의 또 다른 나를 이해하는 데 부분적으로 도움을 줄 뿐이다. 축제는 통합으로 가는 과정이고 통합 그 자체다. 여러 이유로 공동체가 분열되었다 하더라도 통합에 대한 욕망은 늘 끈질기게 우리 안에 잔존하고 있다. 페미니즘은 근대 이후 성차별에 대한 구체적 인식에서 출발했지만 그 사상적 기원은 역사를 훨씬 뛰어넘어 창조 신화의 모티브에서 출발하고 있다. 원래 하나였던 인간이 다시 하나가 되기를 소망하는 것, 분리된 것의 통합은 페미니즘과 축제의 공통분모다. 하나가 되지 못하면 모든 것은 불완전한 상태로 존재한다. 하나로 가는 과정을 위해서 페미니즘이 우리에게 던지는 메시지를 기억해야 한다.

2. 가족, 축제 혹은 실락원

오랜 시간 이집트에서 종살이를 하던 이스라엘 민족이 새로운 정착지 가나안으로 향하던 도중에 모세는 구약성서의 기본이 되는 다섯 권, 즉 창세기, 출애굽기, 레위기, 민수기, 신명기를 저술한다. '토라'라고 부르는 이 경전 다섯 권은 이후 이스라엘 민족의 영원한 경전이 되며 유대인의 모든 것을 규정하는 최고의 지침서가 된다. 모세는 토라를 통해 가나안에 정착하는 데 필요한 새로운 제도와 사람들의 의식을 규정할 이데올로기를 알려준다. 시기적으로 팔레스타인 지역의 초기 고대국가 형성기에 서술된 토라는 당시의 정치경제적 흐름에 편승하여 가부장적 입장을 고수하고 이후로 성서 해석은 여기에서 크게 벗어나지 못한다.

아담과 하와의 에덴 이야기는 이제 페미니즘 관점에서 벗어나 가족이라는 새로운 시스템을 설명하기 위해 활용된다. 하와의 기원이 아담으로부터 출발한 것이 남자 없이는 여자가 존재할 수 없다는 의미로 해석되고 여자는 남자의 지배를 받아야 하는 존재로 격하된다. 가부장적 가족 시스템의 기본 이데올로기가 형성된 것이다. 하나님과 인간의 관계가 인간의 타락에 의해 평등의 관계에서 종속의 단계로 변절되고 남자와 여자의 관계 역시 같은 인간의 관계에서 주종의 관계로 치환된다. 버림받은 인간은 가족을 만들어 신을 수용하고 또한 저항한다. 노동을 통하여 일상을 창조하고 가족을 통하여 생명을 보존한다.

창조된 인간이 그 본성상 피할 수 없는 것은, 결국 인간은 신이 아니라는 것, 상호 모순적 존재라는 것이다. 모순됨을 깨닫고 거기에 저항하는 것이 인간이 할 수 있는 유일한 선택이다. 그 고통스러운 선택은 인간과 신이 함께할 수 없다는 것, 에덴의 문을 닫고 실락원의 길을 걸어가야 한다는 의미이며 인간과 신의 실질적 분리를 선언하는 것이다. 이제 노동은 현실적이고 생존적인 문제가 된다.

이제 땅이 너 때문에 저주를 받을 것이다. 너는 죽는 날까지 수고를 하여야만 땅에서 나는 것을 먹을 수 있을 것이다. 땅은 너에게서 가시덤불과 엉겅퀴를 낼 것이다. 너는 들에서 자라는 푸성귀를 먹을 것이다. 너는 흙에서 나왔으니 흙으로 돌아갈 것이다. 그때까지 너는 얼굴에 땀을 흘려야 낟알을 먹을 수 있을 것이다. 너는 흙이니 흙으로 돌아갈 것이다(창세기 3:17~19).

신을 배반한 인간은 육체노동이라는 역설적 보상을 얻는다. 육체노동은 가족 내 분업을 전제한다. 이 모든 것은 타락에 대한 보상이다. 이제는 사랑조차 형벌의 다른 표현이다. 여자에게는 잉태하는 고통이 더해진다. 여자는 남편을 사모해야 하고 남편은 여자를 다스린다. 여자에게는 남편을 사모하는 것이 형벌이다. 그리고 그 사모조차 남편의 다스림하에서만 가능하다. 가족제도는 에덴에서 쫓겨난 인간에게 신이 내린 마지막 선물이다. 여자는 남자를 사모하고 남자는 노동하는 운명을 진다. 그리고 다시 흙으로 돌아갈 때까지 가족 안에서 세상의 삶을 영위한다. 자기 자신과의 대화는 더 이상 존재하지 않고 사랑이 의무가 되면서 가족제도는 그 이데올로기를 확보하고 가부장제의 하부구조로서 기본 역할에 충실하게 된다.

창세기에 나타난 남녀 간 사랑의 기본 모티브는 결국 자기와의 대화, 인간의 대화이며 인간의 대화는 반헤브라이즘의 속성을 띠고 문화적 상대성을 인정하는 헬레니즘의 정서와 유사하다. 그러나 하와의 창조 이후 역사시대로 넘어온 유대 사회는 매우 견고한, 오랜 시간 변하지 않는 가부장제를 만들어냈다. 대화할 상대가 없어 느끼던 고독은 나와 내 자신과의 대화로 이어졌다. '나'는 남자가 되고 '내 자신'은 여자가 되었다. 둘은 늘 하나였다. 그러나 둘이 서서히 분리되기 시작되면서 가족에 편입되었고 가족은 대화보다는 각자의 의무를 완수해야 하는 형벌의 상징이 된다. 가족과 사랑의 모순은 헤브라이즘의 기본이다. 대화와 소통이 사랑으로 바뀌는 과정에서 가족제도가 시작되었지만 가족과 사랑은 대화와 소통이 발전하는 단계가 아니라 그것이 왜곡된 형태다. 아담과 하와 두 사람의 사랑을 기본으로 가족제도가 성립되지만 가족은 집단 노동을 위한 생존의 도구가 되고 사랑은 종족 번식과 그에 따른 노동력을 생산하기 위한 것에 그치고 만다. 아담과 하와 이후 구약성서에서 남녀 간의 사랑을 묘사하는 것은 중지되고 신에 대한 이스라엘 민족의 구애와 이스라엘 민족과 타 민족 간의 증오와 협력관계가 주를 이룸으로써 인간의 이야기는 자취를 감춘다. 가족제도는 더 이상 개인 간의 사랑으로 성립되는 시스템이 아니라 가문 간의 결합으로 변형된다. 결국 외화된 자기 자신과의 대화에서 출발한 두 인격의 결합이 한 인간이 다른 인간을 사랑하는 과정으로 변한다. 그 후에 인간은 없어지고 종족의 유지, 보존, 확대를 위한 생식적 결합이 주를 이룸으로써 사랑과 가족제도는 인간 본성을 소외시키고 하나의 견고한 시스템으로 존재하게 된다.

인간의 이성이 성장하기에 에덴은 너무 좁았다. 인간 이성은 완벽한 에덴보다는 좀 불편하더라도 인간 냄새가 나는 에덴을 필요로 했고 신은 에덴을 대신해 가족을 내려주었다. 즉, 가족은 인간이 신에게서 얻어낸 에덴이었다. 노동과 휴식이 이루어지는 곳에서 인간은 일상의 축제를 즐길 수 있다. 가정은 일상적 축제가 이루어지는 곳이다. 에덴으로부터의 탈출은 인간적 축제를 위한 출발이었다. 그러나 에덴이 폐쇄되어 더 이상 찾을 수 없게 된 것처럼 가족 역시 일상적 축제의 마당이 아니라 서서히 가부장제의 말단 구조로서 일상의 축제를 질식시키는 역할을 하게 된다. 아담과 하와의 자손, 카인과 아벨 사이에서 벌어진 '인류 최초의 살인 사건'은 가족이 제도화되고 가부장제로 편입되는 과정을 상징적으로 보여준다. 축제 대신 신의 사랑을 독차지하기 위한 질투와 편협함만이 존재한다. 상대방은 결코 내가 아니고 타자에 불과하다는 선언, 그것이 바로 살인 사건의 주요 동기다.

3. '사랑은 지독한 그러나 너무나 정상적인 혼란'

사랑을 위한 결혼은 겨우 산업혁명이 시작되고 나서야 존재하기 시작했으며 따라서 산업혁명의 발명품이었다(벡 & 벡-게른샤임, 1999: 296).

토지로부터 사람들을 추방하기 시작한 산업사회의 1차 목표는 오랜 시간 내려온 가족제도를 질적으로 변화시키는 것이었다. 농경사회에 기반을 두고 공동체 생활을 영위하는 봉건시대의 가족제도는 산업사회가 필요로 하는 노동력을 공급하기에 역부족이었다. 임금노동자는 독립된 인간이어야 한다. 사회적으로 독립된 인간과 자본이 맺는 임금노동 계약이 전제되지 않고서는 산업사회가 유지될 수 없기 때문이다. 이때 기존의 가족제도에서 독립된 한 인간은 주체적으로 자본과 계약을 맺고 노동과 그에 따른 임금만으로 생활을 영위할 수 있는 주체적·실존적 존재로 변화한다. 이때 개인이 독립된 한 인간으로서 주체적 계약을 담당하기 위해서는 기존 가족제도와 결별해야 한다. 농업을 기반으로 하는 공동체적 가족제도하에서는 애초에 임금노동 계약이 존재할 수 없다. 농경사회에 기반을 둔 공동체적 가족제도하에서는 실직과 그에 따른 생활고, 재취업 가능성에 대한 우려 등이 존재하지 않는다. 한 개인이 이런저런 이유로 노동을 수행하기 어렵다면 가족 중 다른 사람이, 혹은 가문 중 어떤 사람이 그 노동을 대체하는 것이 얼마든지 가능하며 노동을 수행하는 데 따르는 곤란함으로 분배 과정에서 소외되지 않는다. 노동과 분배 과정에서 소외되지 않는 것이 농경사회에 기반을 둔 공동체적 가족제도의 특징 중 하나다. 공동체적 가족제도의 기반은 개인 간의 사랑이 아니라 집단에 대한 무비판적 귀속 의식이다. 농경사회 공동체의 구성원은 이런 소속감을 통해 비로소 안위를 얻고 소속에서 벗어났을 때 불안감을 느낀다. 중세 교회의 파문Ex-communication은 한 개인이 종교적 구원으로부터 제외된다는 의미뿐만 아니라 사회 공동체, 가족 공동체로부터의 추방까지 의미한다. 한 개인이 주체적으로 사고하고 행동하는 것이 아니라 공동체 안에서만 존재 의미를 가질 수 있기 때문에 공동체로부터의 추방은 곧 영적·육체적 죽음을 의미하며 이때 인간은 가장 극심한 혼란을 겪는다. 중세의 공동체적 가족제도는 개인에게 영적·실존적 구원의 다른 표현이었다. 중세인은 종교와 계급, 부권 등에 의하여 확립된 가부장제 안에서 독립된 주체로서의 개인을 방기하는 대신 공동체의 일원으로서 편안함을 즐겼다.

그러나 산업사회가 성장하고 자본이 합리성을 추구하면서 개인이 시장질서의 회오리 속으로 휩쓸리자 인간은 주체적 자아로서의 개인성을 획득하는 동시에 종교와 가족제도로부터 파문당한다. 이때 한 개인, 주체적 개인에게는 새로운 종교가 절실해지고 그 자리에 사랑이라는 신흥종교가 자리를 잡는다. 오직 자신의 육체노동에 의지해 생활해야 하고 자본과의 싸움에서 늘 약자로 존재할 수밖에 없으며 공장이 이전하면 그에 따라 전통적 생활의 근거지를 포기해야 하는 인간에게 사랑은 신흥종교로서 위력을 발휘하게 된다. 사랑을 위한 결혼은 산업혁명이 시작되고 나서야 존재하기 시작했으며, 따라서 '산업혁명의 발명품'이었다. 사랑이라는 신흥종교는 아담과 하와의 창조 이야기에 기초를 둔 자기와의 대화(자기애)와는 근본적으로 다른 양태를 띠고 출발한다. 또한 아담과 하와가 가족이라는 제도 안으로 편입되면서 얻는 사랑과는 또 다른 의미를 갖는다. 실락원 이후 인간은 육체의 고통을 통해 땅으로부터 소산물을 얻어 생존했고 그 소산물을 한 개인이 아닌 가족 공동체가 소유 분배함으로써 일정 정도 균형적인 시스템을 확보했다. 땅에 기반을 둔 이러한 공동체적 시스템은 훗날 상품경제와 구별되는 특성이 몇 가지 있다. 첫째, 생존 근거를 토지라는 고정적 형태에 귀속시킴으로써 공동체적 생활을 불가피하게 만들었고, 이는 결국 개인의 감정보다는 전체 집단의 정서를 더욱 중시하는 결과를 만들어냈다. 생존을 위해 필요한 것은 공동체의 힘과 능력을 여하히 발휘하느냐의 여부이지 한 개인의 주체적 판단과는 직접적인 관련이 없다. 둘째, 노동력을 재생산하기 위해서 남녀 간의 생식적 결합이 중시되었다. 생산성 향상이라는 개념은 사실상 산업혁명 이후에 도입된 것이다. 투자한 자본에 대비해 더 많은 생산물을 획득하기 위해 도입된 개념인 것이다. 봉건시대에는 기후나 전쟁 등 비경제적인 요소 때문에 해마다 생산성에 다소 차이가 있긴 했지만 실은 거의 변화가 없다고 해도 무방했다. 항상 일정 정도의 노동력이 필요했고 토지는 그 노동력이 생존할 만큼 생산해왔던 것이다. 생산을 위해 투자해야 하는 가장 주요하고도 거의 유일한 요소는 인간의 노동력이며 이는 단시간에 제조될 수 있는 것이 아니다. 따라서 건강한 노동력을 확보하기 위해서 남녀 간의 생식적 결합이 중요했고 그에 따른 이데올로기가 중세 문화의 한 부분을 견고하게 차지했던 것이다. 처녀성에 대한 예찬, 혼전 순결, 동성애에 대한 박해, 결혼은 신성한 것이며 인간이 결코 나눌 수 없다는 생각, 다산에 대한 칭송 등이 강조되면서 중세의 결혼과 사랑은 남녀 간의 인격적 결합보다는 생식적 결합을 더욱 중시하게 되었다. 한 개인의 주체적 삶보다는 공동체의 이익을 우선시하는 개인 간의 결합이 된 것이다.

아담과 하와가 동침한 시기는 실락원 이후다. 그리고 그 동침의 결과는 2세의 탄생으로 이어진다. 땅을 기반으로 생존해야 하는 인간에게 이제 사랑은 생식적 결합의 형태로 변모했다. 실락원 이전에 아담과 하와의 사랑 방식은 대화였다. 생식적 결합은 산업사회의 종소리가 울릴 때까지 고정불변의 원칙처럼 가족제도를 지배했다. 산업혁명의 발명품인 사랑을 위한 결혼(현대적 의미의 사랑)은 기존의 사랑 교리를 전복시키면서 탄생했다. 생존하기 위해 더 이상 땅에만 의존할 필요가 없어지자 개인은 자신의 감정을 공동체 정서에 귀속시키는 데 반대한다. 개인의 감정과 공동체의 정서가 분리되어 각자의 길을 걷게 되고 이후 이러한 양태는 여러 사회적·문화적 모습으로 표출된다. 가톨릭이라는 신앙 공동체 또는 그 수장을 통해 인간이 구원을 받을 수 있다는 구교의 교리에 대항하여 깃발을 높이 든 개신교의 경우가 좋은 예가 될 수 있다. 결국 한 개인과 신의 주체적 만남이 중요하며 그 사이에는 어떤 개입도 필요 없다고 단호하게 주장한 신교의 입장은 산업사회의 사랑의 이데올로기와 일맥상통한다.

고통스러운 삶의 이런저런 이야기를 들어주고 안위 기도를 해줄 사제가 사라지고 난 후 인클로저 운동enclosure movement으로 땅에서 쫓겨나 인간은 더 이상 형제친척과 함께 살 수 없고 오직 자신의 육체만이 생존의 알파와 오메가가 되는 상황에 처했다. 이때 신이 인간에게 선사한 두 번째 선물이 바로 사랑을 위한 결혼이다. 실락원 이후 토지를 매개로 생존해야 하는 인간에게 신이 내린 첫 번째 선물이 가족이었고 토지에서조차 추방당한 인간이 기댈 수 있는 마지막 도피처는 타인에 대한 절대적인 신뢰와 그 신뢰감을 지켜줄 수 있는 '사랑을 위한 결혼'이라는 제도인 것이다. 이로써 가족이 재발견된다. 자본주의는 두 사람만의 공간을 허용하면서 다시 축제의 부활을 요구한다. 비록 완전하지 못하고 혼란스럽기는 하지만.

4. '페미니즘은 운동이 아닌 사랑'

페미니즘은 운동이 아니다. 운동이 되는 순간 분열되면서 적과 동지를 만들어내고 투쟁의 선두에 서야 한다. 모든 이데올로기는 특정 시대의 부산물이다. 특정 시대가 만들어낸 모순에 투쟁하는 것으로부터 이데올로기는 출발한다. 시대를 초월해서 보편적으로 존재하는 이데올로기는 운동이 아니고 운동을 초월한 그 무엇이다. 페미니즘은 운동을 초월한 어느 지점에서 자신을 드러낸다.

그것은 종교적이고 영적인 것이다. 물리적 한계가 있으면서도 영적으로는 그 한계를 초월하는 인간에 대한 애정이 페미니즘의 출발점이다. 모든 보편적 종교의 궁극점이 타자에 대한 사랑이듯 페미니즘 역시 운동이 아닌 사랑이다.

축제에 참가하는 모든 사람은 이미 참가하기 이전부터 하나가 되려는 마음을 갖고 있다. 이런 마음이 축제의 시작이다. 기다리는 마음속에서, 함께 즐기고 싶은 마음속에서 축제가 시작된다. 누구라도 좋으니 함께하자는 마음. 살아 있는 모든 것에 대한 애정과 그 모든 것이 나의 다른 모습임을 깨닫는 것이 축제의 시작이다.

예수 그리스도 축제의 성육신

유럽의 대성당이나 한국의 대형 교회에서 예배를 드린 경험이 있는 사람이라면 그 규모에 압도당하고 의식 하나하나에 배어 있는 경건함에 주눅이 들었을 것이다. 일상 속에서는 늘 긴장과 갈등이 있기 마련이고 때에 따라서 소시민적 양심에 배치되는 행동을 할 수밖에 없는 사람들은 의식에 참여하기 전부터 고해성사나 회개할 준비부터 한다. 죄를 짓고 죄 사함을 받고 다시 범죄하고 다시 회개하는 과정이 반복되면서 신앙심이 깊어지고 구원에 대한 확신이 견고해진다고 믿게 된다. 인간인 이상 윤회를 벗어나지 못하기에 우리네 삶은 늘 불완전할 수밖에 없다고 믿으면서 일상을 반복하는 것이다. 하늘나라에 가기 위해서는 꼭 지켜야 할 것이 있고, 어차피 이 세상은 고행이거나 실낙원이기 때문에 모든 기쁨은 다음 세상에서나 보상받는다. 절제와 고행은 기본이고 때로는 순교와 십자군 원정까지 감수해야 한다. 노동은 하되 축제는 다음 세상에서나 즐겨야 한다고 생각한다.

만약 모든 것이 이렇게만 해석된다면 과연 종교를 믿는 행위의 인간적인 의미는 무엇일까? 잠시 신학적인 관점을 떠나 한 자연인으로서 평범한 신앙의 관점에서 생각해보자. 힘써 노동하고 열심히 생산했는데 나에게 돌아오는 몫은 얼마 안 된다. 그것으로는 겨울을 나기도 힘들다. 또 세금은 왜 이리 많은지 모르겠다. 그래서 겨울에 날품팔이라도 해야 하는데 부역에 동원되는 날이 많아 그것마저도 힘들다. 먹고살기 힘들어 마음속에는 증오와 좌절만 생기고 예배에 참석하는 일도 당연 소홀해지기 마련이다. 그런데 내 마음속에 생긴 증오는 잘못된 것이고 예배를 소홀히 하는 것도 불경스러운 일이다. 계속 회개하고 제물을 바쳐야 하지만 저 멀리 있는 천국을 소망 삼아 하루하루를 버티기가 너무 힘들다. 이 사람에게 필요한 것은 무엇일까? 왜 이 사람이 믿는 종교는 이 사람에게 진정한 신앙의 대상이 되지 못할까? 기쁨이 없는 노동과 사회적 관계 속에서 파생되는 법률 위반이 종교에 의해 단죄될 수 있을까? 이러한 물음이 2,000년 전 팔레스타인 지역의 민중 사이에서 광범위하게 퍼져 나갔던 것 같다.

'예수 그리스도'라는 말에는 역사적 실존 인간으로서의 '예수'와 신성을 가진 구세주를 뜻하는 '그리스도'의 의미가 동시에 포함되어 있다. 사실 이 둘을 분리하기는 매우 어렵다. 난해한 신학적 문제이기도 하고 예수 자신이 기록을 남긴 것도 아니며 예수가 생존했을 당시 예수에 대한 기록이 보존되어 있는 것도 아니기 때문이다. 예수의 언행을 기록한 복음서는 예수 사후 최소 몇십 년 후에 기록되었기 때문에 정확하다고 볼 수 없는 측면이 있다. 성경이 성령의 감화를 받아 쓰여졌기에 어떠한 경우에도 오류가 없다고 믿는 경향도 있지만 그간 신학자들의 연구 결과를 어느 정도 수용한다면 역사적 예수와 그리스도는 처음부터 일치된 하나의 실체가 아니었고 예수 사후·부활 후 그의 제자들에 의하여 등장한 신학적 개념이다. 여기서는 예수의 제자들이 쓴 복음서에 나타난 역사적 예수의 발언을 중심으로 예수가 이 땅 위에 선포한 천국에 대하여 축제의 개념에서 분석해보려고 한다. 즉, 역사적 예수는 '지금 여기'에서 우리가 축제를 즐겨야 한다고 주장하고 몸소 실천한 축제 기획자이자 연출가였다는 것을 성경을 통하여 확인해보려 한다.

1. 예수, 세례를 받다

예수는 유대인이었고 유대교의 전통 속에서 청년 시절을 보냈다. 유대교는 모세 이후 전해오는 여러 율법을 철저하게 고수했고 유대인에게 율법 준수를 끊임없이 종용했다. 유대인은 누구라도 율법에서 자유로울 수 없었으며 결국 율법 안에서만 자유로울 수 있었다. 유대 율법에 따르면 범죄를 저지른 사람은 가축을 잡아 제물로 바쳐야 한다. 누군가의 희생이 있어야만 범죄를 용서받을 수 있다는 규정은 결국 역설적으로 희생과 범죄의 악순환을 조장하고 범죄로부터의 해방이 아니고 범죄 안에서의 해방으로 축소되고 만다. 예수가 자신의 공적인 삶을 개시하면서 새로운 진리를 선포하기 전에 그 통과의례로서 기존 유대교의 전통과는 달리, 요한의 세례를 받은 것은 혁명적인 발상이었다.

> 세례baptism는 유대교 전통에는 부재했던 전혀 새로운 혁명적 발상이었다. 세례는 오로지 세례 요한으로부터 시작된 뉴에이지 무브먼트New Age Movement였다. 요단 강 강물에 한 번 들어갔다 나오는 것만으로 율법(토라)이 규정하는 모든 인간의 죄가 씻겨져 사함을 얻는다는 새로운 구원의 사상은 유대교의 율법주의에 대한 최대의 반역이었다(김용옥, 2008b: 91).

즉, 더 이상 제물도, 제사장도 필요 없게 된 것이다. 이제 중요한 것은 다시 돌아오는 것이다. 요한은 세례를 주면서 '메타노이아Metanoia'를 주장하는데 이는 '방향 전환', '삶의 방식을 바꿔라'라는 뜻의 헬라어다. 즉, 율법주의에서 벗어나 새롭게 살아가라는 뜻이다. 예수는 이런 요한의 혁명적 개혁 운동에 동참하면서 본격적으로 말씀 선포를 시작한다. 예수는 요한의 요단 강 세례라는 이벤트에 주체적으로 참여하여 대중을 이해하고 대중과 함께 어울릴 수 있는 단초를 확보한다. 물 세례를 근대적인 관점에서 해석한다면 '주체의 복원'이라고 볼 수 있지 않을까?

더 이상 구원은 타자에 의해 이루어지지 않는다. 실낙원이 인간 의지의 결과였듯 복락원 역시 주체의 결단에 의해 가능하다. 그러나 복락원은 단순히 낙원으로의 복귀를 의미하는 것이 아니다. 그것은 인간이 다시 신성을 회복하는 것을 상징한다. 예수가 세례를 받을 때 하늘에서 내려오는 음성은 인간 예수를 통해 모든 인간이 구원받을 수 있다는 가능성을 확인시켜 주는 메시지이며 인간이 다시 신성을 회복할 수 있다는, 하늘나라의 주인이 될 수 있다는, 그리하여 온전히 축제를 통한 엑스터시의 세계를 누구라도 경험할 수 있다는 강렬한 케리그마kerygma였다. 예수가 세례를 받는 자리에서 하늘은 이렇게 선포했다.

예수께서 세례를 받으시고, 곧 물에서 올라오셨다. 그때 하늘이 열렸다. 그는 하나님의 영이 비둘기같이 내려와 자기 위에 오는 것을 보셨다. 그리고 하늘에서 소리가 나기를 "이는 내가 사랑하는 아들이다. 내가 그를 좋아한다" 하셨다(마태복음 3:16~17).

"이는 내가 사랑하는 아들이다." 이 한마디로 예수는 신성을 확보했다. 인간 예수가 신성을 얻어 하나님의 아들, 성자의 지위로 격상되는 순간이다. 하늘이 열린 놀라운 사건의 전 단계는 단지 세례였다. 그 전에 어느 누구도 결코 들을 수 없었던 하늘의 음성이 세례를 받은 예수에게 감동스럽게 전해진 것이다. 이제 인간과 신은 창조주와 죄인의 관계에서 아버지와 아들의 관계로 변했다. 구약성서의 유대인들이 불경스러워 차마 입에 올리지도 못한 말인 야훼 하나님을 감히 아버지라 호칭한 것이다. 하늘의 음성을 들은 예수는 담대하게 야훼 하나님을 아버지라 하면서 세상을 향해 당당하게 복음을 전파한다. 예수는 그의

공생애|public life 기간 중 끊임없이 아들과 아버지의 비유를 통해 민중에게 복음을 전했다.

세례는 이렇게 오랜 질곡에 대한 급격한 단절을 의미하며 기존 패러다임의 전복을 상징한다. 세례는 죄에 대한 오랜 통념을 일거에 변화시켰다. 죄는 율법으로 규정되는 것이 아니고 삶의 방향성과 연관된 것이다. 그것은 개인의 종교적·영적 문제이기도 하지만 사회적 실존의 문제이며 역사적 문제이기도 하다. 즉, 내 삶의 주체는 나 자신이고 내가 주체가 되어 새롭게 생을 시작하는 것이 중요하며 죄는 부수적 요인에 지나지 않는다는 것이다. 축제와 연관하여 이 개념은 매우 중요하다. 결국, 축제의 주체는 나 자신이어야 하며 스스로의 내면에서 올라오는 창조적 영성이 에너지가 되어 발산되어야 한다는 주장과 다르지 않기 때문이다. 예를 들어 우리가 장기적인 축제를 기획하는데 참가자가 어떤 원시적 터부 때문에 마음 열기를 저어한다고 가정해보자. 먼저 해야 할 것은 그 터부로부터 벗어나는 것이고 본질적으로 해야 할 것은 터부 자체를 재해석하는 것이다. 즉, 더 이상 두려움의 대상이 아니라는 것을 확인시켜 주는 것이 필요하다.

2. 예수, 포도주를 만들고 마시고 취하고

우리가 다 알다시피 예수의 첫 번째 기적은 가나의 혼인 잔치에서 이루어졌다. 왜 예수는 첫 번째 기적을 가나의 혼인 잔치에서 포도주를 만드는 데 사용했을까? 포도주 기적의 일화가 담긴 요한복음이 예수 부활 후 100년 가까이 지난 다음 기록되었다는 사실을 상기해보자. 요한은 각각의 기적에 따르는 의미가 심대하기 때문에 신중하게 고려한 다음 복음서를 기록했을 가능성이 높다. 결론적으로 요한이 중요하게 생각한 것은 '내가 아는 역사적 예수는 혼인 잔치에 초대되어 우리와 함께 먹고 마시며 즐기는 사람이었고 내가 사모하는 그리스도 는 그 잔치에 필요한 포도주를 만들어 공급하는 분이었다'라는 사실이다. 즉, 예수가 선포하는 새로운 세상은 이렇게 포도주가 끊이지 않는 잔치였던 것이다.

> 사흘째 되는 날에, 갈릴리 가나에서 혼인 잔치가 있었다. 예수의 어머니가 거기에 계셨고, 예수와 그의 제자들도 그 잔치에 초대를 받았다. 그런데 포도주가 떨어지 니, 예수의 어머니가 예수에게 말하기를 "포도주가 떨어졌다" 하였다. (중략) 예수 께서 일꾼들에게 말씀하셨다. "이 항아리에 물을 채워라." 그래서 그들은 항아리마 다 물을 가득 채웠다. 예수께서 그들에게 "이제는 떠서, 잔치를 맡은 이에게 가져다 주어라" 하고 말씀하셨다. 그들은 그대로 하였다. 잔치를 맡은 이는, 포도주가 된 물을 맛보고, 그것이 어디에서 났는지 알지 못하였으나, 물을 떠온 일꾼들은 알았다. 그래서 잔치를 맡은 이는 신랑을 불러서 그에게 말하기를 "누구든지 좋은 포도주를 먼저 내놓고, 손님들이 취한 뒤에 덜 좋은 것을 내놓는데, 그대는 이렇게 좋은 포도주를 지금까지 남겨두었구려!" 하였다(요한복음 2:1~10).

은유적인 설명을 좋아했던 예수는 이후에 도래할 새로운 세상을 포도주 잔치 에 비유했다. 사람들에게 필요한 것은 풍족한 음식과 함께 즐길 수 있는 마음이 지 결코 율법이나 의식이 아니다. 혼인은 함께 축하할 만한 일이며 잔치에서 필요한 것은 즐겁게 먹고 마시는 일이다. 지켜야 할 법이 있고 지루한 의식이 있다면 그곳이 천국일까? 예수가 말하고 싶었던 것은 함께 기뻐하며 음식을 나누는 공동체야말로 우리가 지상에서 만들어야 할 천국이라는 것이다. 성경에 는 예수가 많이 먹고 마셨다고 기록되어 있다.

요한이 와서 먹지도 않고 마시지도 아니하매 그들이 말하기를 귀신이 들렸다 하더니 인자는 와서 먹고 마시매 말하기를 보라 먹기를 탐하고 포도주를 즐기는 사람이요 세리와 죄인의 친구로다 하니(마태복음 11:18~19).

이 글은 예수 당시의 사람들이 예수와 요한을 관찰하고 기록한 글이라고 할 수 있다. 요한이 먹고 마시지도 않고 금욕적인 고행을 하자 사람들은 요한이 미쳤다고 하고 예수가 사람들과 더불어 먹고 마시자 예수에게 먹기를 탐하고 포도주를 즐기는 사람이라고 욕설을 퍼부은 것을 기록한 것이다. 위 내용 중 '먹기를 탐하고 포도주를 즐기는 사람'을 영어 성경에서 찾아보면, NIV New International Version 판에는 'Here is a glutton and a drunkard'라고 기록되어 있고 KJV King James Version 판에는 'Behold a man gluttonous, and a wine-bibber'라고 기록되어 있다. 'a drunkard'라는 단어에는 '상습적인 술고래'라는 뜻이 내포되어 있다. 즉, 어쩌다가 한두 번 마시는 경우에 사용하는 표현이 아니다. 'a winebibber' 역시 같은 의미다. 많이 마셨다는 것이다. 먹기를 탐하고 포도주를 즐기는 것은 미천한 사람의 생활양식이다. 예수는 당시 사회적으로 가장 미천한 계급인 세리와 죄인들과 어울리면서 그들의 방식을 따라 먹고 마신 것이다. 그들과 하나가 되고 그들의 친구가 되기 위해서 예수는 그들과 더불어 먹고 마셨다.

예수 당시의 사람들이 예수를 표현한 이런 '불경스런' 표현이 제자들에 의해 '검열'되지 않은 채 성경에 기록된 것은 실제로 예수가 당시 민중에게 친근한 친구이자 형제였으며 상담자였고 권세를 부리지 않는 지도자였음을 의미한다. 예수의 천국 선포는 관념적이며 고차원적이고 형이상학적인 어떤 개념에 대한 주장이 아니었고 '누구라도 와라. 창녀, 세무 공무원, 이방 여인, 노숙자, 천과자, 부랑자 모두 와서 함께 먹고 마시자. 서로 사랑하자. 이것이 천국이다'라는

‘현세적 실천의 정언명령’이었다. 이 땅 위에서 모두 함께 축제를 즐기자. 이것이 예수의 슬로건이었고 이는 현재에도 유용하다.

3. 공동 식사

신약성서의 사복음서 중 예수와 관련된 텍스트를 읽다 보면 먹고 마시는 이야기가 많이 나온다. 요한의 금식과 예수의 ‘식탐’은 중요한 신학적 메타포다. 요한은 기다리는 사람이다. 기다리는 사람은 절제해야 한다. 어느 한순간의 방심이 오랜 기다림을 일시에 망쳐버릴 수 있다. 과식해서도 안 되고 술 취해서도 안 된다. 절제해야 하고 필요하면 금식해야 한다. 요한의 인상을 묘사한 글에는 이런 금욕자의 외양이 잘 묘사되어 있다. 요한의 주식은 메뚜기와 들꿀이었다. 이것들은 자연에서 나오는 양식이다. 늘 얻을 수 있는 것이 아니다. 따라서 절제와 근신이 일상화되지 않으면 생존할 수 없다. 생존을 위한 최소한도의 섭취만 허용될 뿐이었다. 그러나 예수는 결코 채식주의자도, 금욕주의자도 아니었다. 초기 40일간 결단의 기도 시간을 제외하고는 늘 제자들과 더불어 실컷 먹고 마셨다. 예수의 공동체에서는 먹고 마시는 것이 일상사였다. 예수와 그 제자들은 심지어 성스럽게 지켜야 할 안식일에조차 먹는 일을 중단하지 않았다. 오병이어五甁二漁의 기적은 예수의 공동체에서는 그 누구도 먹을 것 때문에 걱정할 필요가 없었다는 것을 상징한다. 예수는 자신이 있는 동안에는 결코 금식하지 말라고 제자들에게 말씀했다.

요한의 제자들과 바리새파 사람들은 금식하고 있었다. 사람들이 예수께 와서 물었다. “요한의 제자들과 바리새파 사람의 제자들은 금식하는데 왜 선생님의 제자들은 금식하지 않습니까?" 예수께서 그들에게 말씀하셨다. "혼인 잔치에 온 사람들이 신랑과 함께 있는 동안에 금식할 수 있느냐? 신랑을 자기들 곁에 두고 있는 동안에는 금식할 수 없다."(마가복음 2:18~19)

천국은 이런 혼인 잔치다. 초대받은 모든 사람이 축제의 주인공이다. 신랑 예수는 축제의 주인공이고 주인이다. 주인이 금식을 해서는 안 된다. 금식은 요한에서 끝나야 한다. 예수가 있는 동안에는 모두가 축제의 주인공이고 먹고 마시는 것이 결코 부족해서는 안 된다. 예수는 금식과 어울리는 지도자가 아니다. 무릎 꿇고 기도하고 참회하며 눈물 흘리라고 강권하는 지도자가 아니라 더불어 먹고 마시며 사랑하라고 권유하는 카리스마다. 예수의 제자들 역시 예수와 더불어 먹고 마시기를 실천했다.

그 선교사들이 자루를 지니고 다니지 않는 것은 그들이 동냥이나 음식이나 옷이나 그 밖에 다른 것을 구걸하지 않기 때문이다. 그들은 기적과 하느님 나라를 함께 나누고 그에 따라 식사와 숙소를 제공받는다. 나는 여기에 원래의 예수 운동의 핵심이 있다고 믿는데 그것은 영적이며 물질적인 자원들을 함께 나누는 평등주의다 (크로산, 2000: 545).

『역사적 예수』의 저자인 존 도미닉 크로산John Dominic Crossan의 이런 확신은 예수 공동체의 본질이 무엇인지를 잘 나타낸다. 예수의 제자들은 마을 사람들에게 음식이나 옷을 구걸하지 않았다. 그들은 먼저 그들이 가진 최고의 것, 기적과 하나님 나라를 나눠주었다. 축제를 시작하기 위해 먼저 나눠주는 것이다. 그들이 나눠준 것을 맛본 이들은 이내 자신의 음식과 집을 내놓고 제자들과 더불어 축제의 주인공이 되었다. 예수의 제자들처럼, 마을 사람들처럼 함께 모든 것을 나누는 것, 이런 평등주의는 축제의 필요조건이다.

4. 최후의 만찬

신약성서에 기록된 '최후의 만찬' 구절을 읽을 때 우리는 숙연함을 넘어 극도의 긴장감을 느낀다. 며칠 지나면 십자가형十字架刑이라는 극악한 처형을 당하기로 결정되어 있는 한 인간적 지도자가 베푸는 마지막 식사. 이제 다시는 그 따뜻한 카리스마를 만날 수 없다. 그와 같이 있을 때 우리가 느낀 평강과 은혜는 이제 끝이다. 그가 오기 전 우리를 무겁게 짓누르던 이 암울한 현실은 아직도 계속되고 있는데 이제 어디서 누구와 함께 축제를 즐긴단 말인가! 예수의 유언과 제자들의 통곡이 모든 사람의 가슴에 무겁게 자리 잡고 눈물과 결단이 이어지는 분위기 속에서 마지막 만찬이 진행된다. 이렇듯 최후의 만찬과 관련된 구절은 모든 기독교인에게 조금의 여유도 허락하지 않는 최고도로 긴장된 모습을 표현하고 있다. 부활절 전 성聖금요일 설교 주제로 흔히 이용되는 이 성서 구절은 신약성서에서 가장 무겁고 암울하며 최고의 절망을 표현하는 텍스트로서 인용된다. 그러나 최후의 만찬은 결코 절망의 메시지가 아니다. 부활의 감격을 극적으로 묘사하기 위해서 비극적으로 해석된 측면이 강한 탓에 많은 사람, 특히 기독교인에게는 눈물 없이 읽을 수 없는 성구이지만 그 본질은 감사와 축제다.

시간이 되어서 예수께서 자리에 앉으시니 사도들도 그와 함께 앉았다. 예수께서 그들에게 말씀하셨다. "내가 고난을 당하기 전에 너희와 함께 이 유월절 식사를 먹기를 참으로 간절히 바랐다. 내가 너희에게 말한다. 유월절이 하나님의 나라에서 이루어질 때까지 나는 다시는 유월절 음식을 먹지 않을 것이다." 그리고 잔을 받아서 감사를 드리신 다음에 말씀하셨다. "이것을 받아서 함께 나누어 마셔라. 내가 너희에게 말한다. 나는 이제부터 하나님의 나라가 올 때까지 포도나무 열매에서 난 것을 절대로 마시지 않을 것이다." 예수께서는 또 빵을 들어서 감사를 드리신 다음에 떼어서 그들에게 주시고 말씀하셨다. "이것은 너희를 위하여 주는 내 몸이다. 이것을 행하여 나를 기념하여라." 그리고 저녁을 먹은 뒤에 잔을 그와 같이 하시고서 말씀하셨다. "이 잔은 너희를 위하여 흘리는 내 피로 세우는 새 언약이다."(누가복음 22:14~20)

유월절은 유대인의 역사에서 가장 큰 사건이자 축제로 모세가 이스라엘 백성을 이집트에서 대탈출exodus시킨 사건을 기념하여 유대인들이 해마다 잊지 않고 지내는 절기다. 이집트에서 보낸 몇백 년의 노예 생활을 청산하고 자유민이 되어 드디어 젖과 꿀이 흐르는 가나안 땅으로 가는 그 감격을 표현하기 위해서 만든 감격적인 축제이자 연례 이벤트다. 이때가 되면 유대인들은 일주일 동안 축제를 연다. 여기서 질문을 하나 해보자. 예수는 이렇게 감격스럽고 유쾌한 유월절 축제에 관한 이야기를 왜 최후의 만찬 자리에서 했을까? 어째서 죽음을 앞둔 마지막 자리에서 포도주를 들어 감사하며 마시고 빵을 먹고 다시 포도주를 마셨을까? 유월절은 이집트에서 겪었던 노예 생활의 종식을 상징하는 역사적인 사건이다. 유대인들이 축제의 주인공으로 당당하게 자립한 사건이고 처음으로 국가를 형성하면서 팔레스타인 지역의 주역 중 하나로 자리매김한 사건이다. 예수는 마지막 만찬에서 다시 유월절을 언급함으로써 제2의 유월절, 또 다른 축제의 서곡을 알린 것이다. 이민족에 의한 노예 생활에서 벗어난 유대인은, 그러나 불행하게도 관료적이고 교조적인 종교 시스템에 의해 다시 노예가 되었다. 또한 로마제국에 의한 식민치하의 생활 역시 유대인의 일상을 피폐하게 만들었다. 다시 유월절이 필요해진 것이다. 그러나 그 유월절은 결코 쉽게 오지 않았다. 누군가의 결단이 필요했다. 축제를 위해서는 준비가 필요하다. 그 준비물은 누군가의 노동이기도 하고 제물의 희생이기도 하다. 제2의 유월절을 위해서 누군가의 희생이 필요한 그 시점에 예수는 스스로 희생을 감수했다. 다시는 노예 생활이 없는, 모두가 평등하게 사는 새 언약의 세상을 위해 기꺼이 희생한 것이다. 그러나 그 희생은 비극이 아니었다. 영원한 축제를 위해 만찬을 하는 그 순간 역시 하나의 축제였다. 축제에는 먹을 것과 마실 것이 있어야 한다. 아무런 희망도 없는 마지막 자리라면 그렇게 감사하며 먹고 마실 수 있었을까? 거듭나야 하는 것은 심령만이 아니다. 축제도 거듭나야 한다. 축제의 기본 정신만 올곧게 남겨두고 형식과 절차는 거듭나야 한다. 예수는 유월절 축제의 기본 정신인 해방과 평등을 통해 구원의 확장을 다시 언급하면서 제2의 유월절, 거듭난 축제로 돌아가자고 말했고 그 선두에 본인이 서겠다고 선언했다. 예수는 말했다. '더 큰 축제를 위해서라면 우리는 잠시 지난 축제는 잊어도 좋다. 우리를 근본적으로 해방시키지 못하는 축제는 더 이상 축제가 아니다. 하나님의 나라가 올 때까지, 제2의 유월절이 올 때까지 잠시 축제를 유예하자. 이 마지막 만찬은 더 큰 축제를 준비하기 위한 자리이고 지난 유월절 축제의 의미를 거듭 확인하는 자리다.'

예수의 마지막 만찬은 축제를 위한 성전의 선포였다. 최후의 만찬의 주제어는 죽음과 이별이 아니다. 다시 축제를 열기 위한 축제의 만찬, 그것이다.

5. 예수, 우리를 축제에 초대하다

만약에 우리가 사는 이 시대에 예수가 나타난다면 어떤 모습일까? 어디에서 그를 만날 수 있을까? 예수가 만든 그 축제의 마당에 우리는 초대될 수 있을까? 예수는 축제에 초대받아야 할 사람에 대해 다음과 같이 언급했다.

예수의 축제 한마당에는 '가난한 자들과 몸 불편한 자들과 저는 자들과 맹인들'이 초대받았다. 현대식 표현으로 바꿔본다면 노숙자, 소년소녀가장, 독거노인, 불법 체류 외국인 노동자, 사회적 소수자 등이 초대를 받은 것이다. 이 사람들은 기꺼이 초대를 받아들일 것이고 마음껏 축제를 즐길 준비가 되어 있는 이들이다. 예수는 이들에게 소주나 막걸리를 한잔씩 따라주고 먹기 좋게 잘 익은 삼겹살을 권할 것이다. 그들의 눈물을 닦아주고 등을 두드리면서 격려할 것이며 함께 울기도 할 것이다. 이것이 예수의 축제이며 지상에서 구현된 하늘나라의 모습이다. 우리가 만약 사회적 약자에게 작은 것 하나라도 베풀었다면 예수의 축제에 초대받을 것이고 애써 외면했다면 축제에 초대받을 기회는 없을 것이다.

예수는 우리 모두에게 축제와 하늘나라가 결코 둘이 아니고 하나임을 알려준다. 예수 자체가 축제의 기획자이며 연출가이고 주체인 것처럼 우리 모두 역시 축제를 기획하고 연출할 수 있다. 다만 중요한 것은 무엇을 위한, 누구를 위한 축제를 만들 것인가이다. 그 성격에 따라 예수를 닮아 지상에서 하늘나라를 만들 수도 있고 그 반대일 수도 있다. 역사적 예수는 우리와 같이 술 마시고 취하고 놀 줄 아는 사람이었다. 그러나 그는 늘 약자에게 눈길을 보냈고 본인의 모든 능력을 아낌없이 베풀 줄 아는 사람이었다. 그는 사랑하며 살고 어려운 이웃과 함께 축제를 즐기는 사람이었다. 예수 자신이 축제였고 새로운 하늘나라 였다. 새 하늘나라의 즐거운 축제를 예수가 몸소 보여준 것이다. 축제의 성육신 成肉身, 축제 그 자체인 예수. 우리도 우리의 일부 시간, 능력이라도 진정 축제를 원하고 즐기고 싶어 하는 사람을 위해 사용한다면 어떨까!

축제와 역사의 만남

프랑스 대혁명 축제와 혁명의 변증법

좋은 축제는 어떤 축제인가. 우리 주변에는 숱하게 많은 축제가 여기저기에서 쉬지 않고 계속 열린다. 축제의 본래 목적과는 상관없이 지방자치단체의 수익원을 위해 일정 수준 이하의 축제가 열리기도 한다. 돈이라도 많이 벌면 좋은데 결과는 돈도 못 벌고 그다지 재미도 없다. 이런 축제를 보면서 다시 질문해본다. 좋은 축제는 어떤 축제인가. 만약 내가 축제를 기획하는 위치에 있다면 만들고 싶은 축제는 어떤 모습인가. 이런 질문은 축제를 즐기려는 사람이나 기획하는 사람 모두에게 중요한 화두를 던진다. 우리는 축제가 끝난 다음에도 그 감흥이 오래도록 남는 축제를 원한다. 사람들은 이런 축제에 참가하고 싶어 할 뿐만 아니라 이런 축제를 기획해보고 싶은 욕심이 있다. 즉, 주변의 지인들을 위해 작은 이벤트를 기획해보고 싶어 하고 근사한 파티에 초대받아서 즐기고 싶은 마음도 있다. 이제 우리가 이웃을 위한 축제를 기획한다고 가정해보자.

축제 기획자는 그 나름대로 한 번쯤 기획하고 싶은 축제가 있기 마련이다. 수천, 수만 명을 모아놓고 재미와 감동을 주는 축제도 의미가 있겠지만 역사에 길이 남을 만한 획기적인 이벤트를 기획하고 싶은 욕구 또한 있기 마련이다. 동시대 사람들에게는 깊은 감동을 주고 후세대들에게는 신화처럼 전해지는 축제가 있다면 그것은 모든 사람에게 하나의 전형으로, 신화와 전설로 기억될 것이다. 그러나 축제는 훗날을 위한 기록이나 촬영 대상이 아니고 지금 여기 here and now에 있는 사람들을 위한 일회적 이벤트라서 역사라는 개념과는 어느 정도 거리가 있다. 지금 여기에 있는 사람들을 위하여 모든 것이 동원되고 폭발되어야만 하는 축제의 성격상 훗날을 위해 무언가를 어느 정도 유보시키는 것은 비겁한 일이 될 수 있다. 동시에 두 주인을 섬길 수는 없는 것이다.

축제와 대비되어 역사적 감동을 주는 장르로는 건축을 들 수 있다. 건축물은 시대를 뛰어넘어 시대가 흐를수록 깊은 영감과 스토리를 전해준다. 어떤 면에서 축제는 건축과 같은 위상에 있다고 볼 수 있다. 둘 다 일종의 종합예술이다. 건축가는 기본적으로 건축 완공 후의 모습을 상상하며 모든 콘텐츠와 재료를 아울러 건물 설계도를 구상하지만 축제를 기획하는 사람은 그 자리에 모인 많은 사람에게 순간적이고 폭발적인 감동을 주기 위하여 동원할 수 있는 모든 것을 이용한다. 건축이 역사를 뛰어넘어 사람들에게 감동과 이야기를 전해주는 반면, 축제 기획은 동시대 사람들에게 삶에 대한 희망을 이야기하고 이 세상이 아름답고 더불어 살 만한 가치가 있다는 진실을 끊임없이 전해준다. 즉, 제대로 기획되고 연출된 축제는 그 시대 모든 사람, 특히 대중에게는 구원의 메시지로 기능하며 삶의 행진곡으로 각인된다. 또 후세에는 역사의 한순간으로 기억된다.

축제에 대해 언급하는 자리에서 건축 이야기를 꺼낸 이유는 축제사의 관점에서 프랑스 대혁명을 어떻게 해석하는 것이 좋을까 하는 고민 때문이다. 프랑스 대혁명은 카오스 속에서 피어난 대축제였고 축제와 정치가 변증법적 과정을 연속적으로 거치면서 축제를 방해하던 모든 요소를 혁명적·근본적으로 변환시킨 거대 이벤트였다. 이러한 변화는 동시대 모든 사람들에게 극적인 희열을 가져다준 동시에 역사적으로도 중요한 영향을 미쳐서 프랑스 대혁명 당시의 '지금 여기'가 아니라 21세기를 사는 '지금 여기'의 사람들에게도 여전히 축제의 결과를 즐길 수 있게 해준다. 제대로 된 축제를 기획하는 것은 동시대 사람들뿐만 아니라 시대를 뛰어넘어 모든 사람에게 감동과 영감을 줄 수 있다. 축제는 일회적 이벤트를 전제로 출발하지만 그 이벤트가 인간의 사회적 영성과 호흡을 맞추고 반反축제와 정면으로 맞서면 일회성을 뛰어넘어 영속성을 획득하게 되고 건축물과 같이 시대를 거치면서 깊은 감동으로 남는다. 바로 프랑스 대혁명이 그렇다. 프랑스 대혁명 기간에는 많은 축제가 공식·비공식적으로 계속되었고 사람들은 축제와 혁명을 분리시켜 사고하지 않았다. 혁명이 일어나고 그 혁명을 축제가 기념하고 다시 혁명이 일어나고 또 축제를 즐기면서 프랑스 혁명은 대혁명이라는 인류 역사 최대의 찬사를 얻었다.

1. 바스티유 감옥 습격

프랑스 대혁명은 단지 하나의 사건을 일컫는 말이 아니다. 혁명의 발단을 위한 결정적 계기가 있고 그 계기를 통해서 급격한 변화가 일거에 이루어진 것이 아니다. 군사 쿠데타처럼 짧은 기간 안에 신속하게 진행된 사건이 아니고 오랜 기간에 걸쳐 많은 사건과 주인공이 등장하는 하나의 대하 드라마다. 중세 봉건체제가 허물어지고 공화정이 수립되는 과정을 지금의 시각에서 보면 역사가 진보하는 당연한 귀결로 볼 수도 있지만 당시를 살았던 사람들에게 그 과정은 대단히 충격적인 사건이었다. 아니, 사건이 아니라 계속되는 충격의 과정이었다.

프랑스 대혁명은 짧게는 '1789년 7월 14일부터 1794년 7월 28일에 걸쳐 일어난 프랑스의 시민혁명'으로 표현되지만 앙시앵 레짐Ancien Regime이라고 통칭되는 구舊봉건체제에서 공화정으로 넘어가는 19세기 중반까지 일련의 역사적 기간과 그 기간 안에 일어난 사건을 통칭하는 용어이기도 하다. 혁명이라는 것이 급격한 정치적 변화뿐만 아니라 그 변화에 의한 사회 시스템의 재편을 통칭하는 표현이라고 한다면 프랑스 대혁명의 유효기간을 19세기 후반까지로 보는 분석도 경청할 만하다.

로마의 기독교 공인 이후 1,000년 가까이 유럽 사회를 지배해온 스콜라 철학과 중세 봉건체제는 르네상스 이후 인간 이성에 대한 신뢰와 자연과학의 발달로 서서히 균열을 일으키기 시작했고 산업혁명의 결과, 대중의 계급의식은 조금씩 고양되기 시작했다. 프랑스 대혁명은 마지막까지 저항하는 신과 귀족의 중세시대와, 과학과 대중의 근대시대 사이의 목숨을 건 마지막 한판 승부였다.

프랑스 대혁명의 원인을 사회경제적인 관점에서 본다면 비교적 간략하게 정리할 수 있다.

> 프랑스 대혁명의 으뜸가는 근본적 원인은 무엇보다도 구체제의 모순에 있었다. 전체 인구의 2%도 안 되는 성직자와 귀족들은 왕국 전체 토지의 30~40%를 차지한 채 막대한 부와 특권을 누렸지만 그들은 특권 신분으로서 조세와 부역으로부터 면제되어 있었으며 (중략) 인구의 80% 이상을 차지하는 농민은 전체 토지의 40% 정도만을 소유한 채 각종 봉건적 부과조와 부역, 십일조 등 과중한 부담을 걸머지며……(이세희, 2004: 85).

즉, 먹고살기 힘든 상황이 되었고 그런 상황 속에서 선택할 수 있는 경우의 수는 그리 많지 않았다는 것이다. 모든 사회적 봉기는 기본적으로 생존이 불투명한 상태에서 출발한다. 일단 배불리 먹고살 수 있으면 사회적 이슈에 관한 관심은 줄어들기 마련이다. 그러나 위와 같은 사회경제적 위기가 온다고 해서 모든 나라에서 똑같은 경우가 발생하는 것은 아니다. 생존이 불투명한 경우라도 사회 구성원 전체가 일정한 동질감을 유지하고 있다면 오히려 역경을 극복하는 계기가 되기도 하고 경제적으로는 힘들어도 공동으로 향유할 어떤 놀이 문화가 있다면 최소한 파국은 일어나지 않을 수 있다. 빵이 중요하긴 하지만 결코 빵만으로는 살 수 없는 것이다.

프랑스에서 대혁명이 발생한 시기는 계몽의 시대였고 이성의 시대였다. 인간의 이성이 가져다준 과학문명의 발달과 그 혜택에 의하여 자극받은 근대 합리주의는 모든 비이성적인 것을 끊임없이 비판했으며 이성과 감성의 이분법을 주장하고 강요했다. 이성적인 것에 대한 과도한 집착은 중세의 모든 민중적 정서까지 불합리한 것으로 간주하고 폐기하거나 단절시키는 결과를 초래했다. 그 결과 고대를 시작으로 중세를 거쳐 계속 이어져온 카니발 형식의 민중 축제가 위축되거나 소멸되었고 대부분의 민중은 신흥 부르주아 계급이 만들어놓은 인위적인 축제의 단순 참가자로 전락한다. 마르틴 루터Martin Luther에 의해 시작된 종교개혁은 카니발 형식의 축제를 이교도 의식으로 규정함으로써 근대 합리주의와 더불어 축제를 박제화시키는 주요 두 주체가 된다.

짧은 지면상 자세히 논거할 수 없지만 프랑스 대혁명에 대해 요약하자면 사회경제적 요인과 더불어 인간의 영성이 지속적으로 억압되는 순간에 큰 사회적 폭발이 일어났고 이것이 지속되면서 사회의 주요 시스템을 바꾼 것이라고 할 수 있다.

1789년 7월 14일에 일어난 바스티유 감옥 습격 사건은 프랑스 대혁명의 서곡이자 상징이다. 프랑스 공화국의 건국 기념일도 여기에서 유래되었고 프랑스 대혁명에 관해 이야기를 시작할 때는 그 누구라도 바스티유 감옥 습격 사건에서부터 시작한다. 그러나 1789년 7월 14일 프랑스 민중이 바스티유 감옥을 습격할 당시 감옥에는 죄수가 많았던 것도 아니고 상징성 있는 인물이 수감되어 있었던 것도 아니다. 그곳이 습격 장소로 선택된 것은 무기가 보관되어 있다는 소문 때문이었다. 그러나 이런 선택의 배후에는 바스티유의 상징성이 주요 역할을 했다. 바스티유는 프랑스 민중에게 하나의 상징이었다. 바스티유는 억압과 불평등을 의미했으며 타파되어야 할 폭력과 탄압의 상징이었다. 시대를 불문하고 감옥은 항상 억압과 불평등의 상징이지만 평등사상이 봄바람처럼 프랑스 민중의 가슴속에 휘몰아치던 18세기 말에 바스티유는 반드시 없어져야 할 구시대의 유산이었다. 바스티유를 깨뜨리지 않고는 더 앞으로 나아갈 수도 없었고 바스티유에 수감되지 않기 위해서라도 바스티유는 없어져야만 했다. 바스티유를 없앤다는 것은 바스티유의 상징성에 대한 도전이고, 결국 봉건왕조에 대한 전면전의 서전이며 대혁명의 시작을 알리는 서곡이었다.

바스티유의 몰락이 오늘날 프랑스 대혁명의 상징이 된 것은 억압된 분노가 표출되어 인간의 평등을 방해하는 사회적 상징물을 대중의 힘으로 철저하게 파괴했다는 데 있다. 폭력과 파괴 없이 평등과 해방을 기대할 수 없다는 것을 웅변적으로 보여준 것이다. 바스티유는 모든 억압과 모순의 구체제를 상징하는 거대한 건축물이었다. 바스티유가 파괴된 그 날 민중은 축제를 거행했다.

같은 날 밤(바스티유가 함락된 날 밤) 바스티유 함락을 축하하는 축제가 그 앞에서 거행되었다. 드로네(바스티유 감옥 사령관)와 플레셀레(성당 참사회원이자 상인)의 머리는 축제를 위한 제물이 되었다. 사람들은 두 사람의 머리를 미늘창에 꽂아 팔레 루아얄 광장에서 바스티유 감옥까지 행진한 후 그곳에서 밤늦도록 춤을 추며 승리를 만끽했다(윤선자, 2008: 28).

축제를 하기 위해서는 우선 반축제적인 모든 요소가 제거되어야 한다. 억압과 불평등, 가난과 절망, 두려움과 공포심이 파괴되어야 한다. 반축제적인 것들과 타협하면 축제가 시작될 수 없고 위장된 일회성 이벤트만 이루어질 가능성이 크다. 바스티유는 반축제적인 모든 요소를 상징하고 바스티유 습격은 그 모든 것에 대한 거침없는 파괴를 의미했다. 봉건왕조에 의해 수탈당하던 백성이 계급적 각성을 통해 사회의 주체로 거듭나고 역사를 다시 썼다. 주체성이 없던 사회의 하층 계급이 축제의 주인공이 된 것이다.

축제를 위해 반축제적인 것들을 파괴한 파리의 민중은 진정한 축제를 시작할 수 있었고 정말 오랜만에 제대로 된 축제를 즐겼다. 축제를 방해하는 커다란 장애물이 사라진 것이다. 아니 주체적으로 파괴한 것이다. 결코 넘지 못할 불가능이라고 여겼던 것이 사라졌기에 이제 더 이상 축제를 방해할 요소는 없었다. 축제를 위한 제물도 준비했다. 바스티유 감옥 사령관의 머리는 이제 공포의 상징이 아니고 축제를 위한 제물이었다. 주검을 보면서 죽음을 초월하는 것이 축제의 메커니즘이다. 축제는 죽음을 초월한다. 사람들은 축제를 가져다준 혁명을 위해 목숨을 바칠 수 있다. 자유·평등·박애는 축제의 현대적 이데올로기다. 이런 가치가 구현된 공화국을 위해서 목숨을 바칠 준비가 되어 있는 것이다. 공화국을 위한 투쟁, 이것이 축제의 시작이다. 이런 의미에서 혁명의 시작과 축제의 시작은 둘이 아니고 하나며 프랑스 대혁명은 축제와 함께 계속 이어졌다.

축제의 관점에서 볼 때 프랑스 대혁명이 바스티유 함락에서 시작된 것은 중요한 시사점을 던져준다. 축제 기획의 관점에서도 '바스티유 함락'이 이루어져야 한다. 즉, 축제를 기획할 때 축제를 방해하는, 축제 참가자들의 마음을 불편하게 하는 반축제적인 요소가 무엇인지, 그 반축제적인 요소를 어떻게 파괴해야 할지 고민해야 한다. 혁명 또한 마찬가지다. 사람의 영성을 제어하는 반혁명적인 요소가 무엇인지, 어떻게 해야 그것을 깨뜨리고 사람들이 혁명에 동참할 수 있는 에너지를 생성할 수 있는지 먼저 고려해야 한다.

2. 10월의 궐기

바스티유 습격 이후 프랑스 민중은 서서히 축제와 혁명의 주인공이 되어갔지만 구체제의 권위는 생각보다 완고했다. 오랜 기간 유지되어온 봉건왕조 체제는 그 나름대로 복원력이 있었다. 일단 민중의 봉기가 거세게 타오르면 조용히 숨어 있다가 봉기의 열기가 차분해지고 다시 반동의 기운이 조금씩 회복되면 혁명을 무시하고 왕조의 권위를 재복원하는 일이 반복되었다. 그러나 한번 혁명과 축제의 감동을 맛본 프랑스 민중은 구체제가 반동의 기운을 보이기 시작하면 다시 봉기의 깃발을 높이 들었다.

바스티유의 감격이 잠시 수그러들자 이내 도처에서 반동의 조짐이 보이기 시작했다. 당시 프랑스 국왕인 루이 16세Louis XVI를 경호하던 군인들은 용맹하기로 유명한 스위스 용병이었는데 이 용병들이 혁명의 상징인 삼색 휘장을 모욕한 사건이 발생했다. 프랑스 민중은 혁명의 상징을 모독한 외인 용병부대를 용서할 수 없었다. 삼색 휘장은 파리 시를 상징하는 붉은색과 파란색에 부르봉 왕가를 상징하는 흰색을 더해 만든 혁명의 상징이었다. 루이 16세는 바스티유 습격 사건 이후 무장한 시민이 운집한 가운데서 삼색 모자를 씀으로써 혁명의 대의를 인정했다. 이에 파리 시민은 혁명이 순조롭게 진행될 것으로 믿었다. 그런데 삼색 휘장 모독 사건이 발생하고, 루이 16세가 인권선언을 승인하지 않는 것에 대한 불만 등이 더해져서 파리 시민은 다시 혁명을 준비했다. 아직 혁명은 끝나지 않은 것이다.

바스티유 감옥 습격과는 달리 '10월의 궐기'는 비교적 잘 알려져 있지 않다. 프랑스 대혁명 기간 중에 큰 사건이 많았고 정치적 중요성을 감안할 때 순위에서 밀린다고 판단할 수 있지만 10월의 궐기는 프랑스 대혁명을 축제의 관점에서 해설할 때 꼭 사례로 들어야 하는 의미 있는 이벤트다. 10월의 궐기는 1789년

10월 5일에 일어났다. 바스티유 감옥이 습격된 지 몇 달 지나지 않아 발생한 것이다. 삼색 휘장 모독 사건과 경제적 어려움 등이 복합적으로 작용하면서 궐기의 주체가 다양해지는데 여인과 어린아이까지 혁명에 참가하게 된다. 파리 교외 여기저기에서 온 여인 6,000~7,000명이 루이 16세가 있던 베르사유 궁전까지 행진하여 왕과 왕비를 수레에 태우고 파리까지 데리고 온 사건이 바로 10월의 궐기다. 이 궐기는 바스티유 감옥 습격에 이은 두 번째 혁명이며 모든 계층이 참가한 최초의 혁명이다. 10월의 궐기는 의회가 왕으로부터 독립되어 민중에게 예속되는 계기가 된다.

바스티유 감옥 습격과 10월의 궐기는 프랑스 대혁명의 초기 주도권이 민중에게 넘어가는 결정적 계기가 된다. 이후로도 물론 혁명과 반동의 긴장관계가 반복되고 때로는 혁명세력 사이에서도 갈등이 표출되긴 하지만 긴 흐름으로 이해한다면 이 두 사건으로서 획득한 민중의 주체성은 이후 프랑스 혁명을 규정짓는 주요한 기제로 작용한다.

> 그날의 행진은 그 자체로 즐거운 축제였다. (중략) 마치 카니발 행렬을 연상시키는 듯한 괴상한 행렬은 평범한 축제에서 볼 수 있는 것이 아니었다. 여인들의 미늘창 끝에 살해된 사람들의 머리가 꽂혀 있었기 때문이다. 그러나 그런 환희와 현실적 폭력의 공존이야말로 혁명 초 축제들의 특징이다. 미슐레는 그 행렬에 여인과 어린 이가 많이 참여한 점에 주목하여 이날이야말로 혁명 중에 벌어진 진정한 축제였다 고 강조했다(윤선자, 2008: 30~31).

프랑스의 역사가인 쥘 미슐레_{Jules Michelet}가 10월의 궐기를 진정한 축제였다고 평가한 이유는 '여인과 어린이'의 참여 때문이다. 여인과 어린이는 늘 소외 계층이었다. 특히, 여인은 성인이 되어도 정상인 취급을 받지 못하는, 후견인의 도움 없이는 자생할 수 없는 연약한 존재로 인식되어왔다. 그런데 바로 그런 여인들이 자신의 의지와 힘으로 절대왕정을 상징하는 루이 16세와 마리 앙투아네트Marie Antoinette를 베르사유에서 파리로 강제 귀환시킨 것은 매우 급진적인 발상이자 실천이었다. 오늘날 프랑스 대혁명이 다른 혁명과 달리, 아직까지도 모든 혁명 가운데 유일하게 대중적이며 세계적인 혁명으로 자리매김할 수 있는 것은 10월의 궐기에서 나타난 것처럼 소외된 대중이 변혁의 주체가 되어 구체제에 정면으로 맞섰기 때문이다. 러시아 혁명은 일부 소수 좌파 엘리트 집단이 오랜 계획 끝에 실행한 사건이었고 중국 혁명 역시 공산주의 학습을 통해 의식화된 엘리트 집단과 남성 농민 위주의 인민 해방군이 기본 축을 이룬 운동이었다. 세계사의 3대 혁명 중 프랑스 혁명만이 모든 계층이 자발적이고 주체적으로 참가하여 구체제를 변혁시킨 사건이다.

즉, 축제의 방관자이자 소외 계층이었던 여성이 기나긴 압제의 질곡을 뚫고 스스로 축제의 주인공으로서 부활을 선언한 사건이 10월의 궐기인 것이다. 여성은 더 이상 혁명과 축제의 이방인이 아니다. 여성들이 행진하면서 루이 16세와 마리 앙투아네트를 베르사유에서 파리로 데려오는 광경은 카니발 행진과 같았다. 카니발은 고대부터 계속되어온 민속 축제가 기독교와 결합되어 만들어진 중세 최대의 축제 중 하나였지만 종교개혁 이후 신교가 등장한 지역에서는 금기시되었다. 그러나 1,000년 이상 계속 내려온 축제에 대한 기억은 쉽게 없어지지 않는다. 특히 사회적으로 소외당하던 사람들에게 축제는 단순한 즐거움 그 이상이었다. 가면을 쓰고 가장행렬을 하면서 사람들은 해방감을 맛보았고 잠시나마 차별에서 벗어나 축제의 주인공이 되었다. 그러나 루이 16세와 마리 앙투아네트를 베르사유에서 파리로 데려오는 행렬 속에서는 더 이상 가면도 가장도 필요 없었다. 맨 얼굴, 평소의 복장 그 자체로도 해방감을 느낄 수 있었다. 감추어진 모습을 통해 얻는 수동적 해방감은 더 이상 필요 없었다.

모든 가식을 벗어버리고 미늘창을 높이 올리면서 스스로 축제의 주역이 된 것이다. 두려움이 환희로 변하면서 축제와 혁명의 주인공은 사회의 모든 계층으로 확산되었다.

모든 구성원이 평등하게 동참하지 않는 축제는 결코 축제가 아니다. 평등성이 담보·전제되지 않는 축제는 결코 사람들을 해방시킬 수 없고 그저 평범한 구경꾼에 머물게 한다. 자본주의가 발달하고 그로써 등장한 신흥 부르주아 계급은 상품을 판매하기 위한 판촉활동이나 계급 간 갈등을 무마시키기 위한 기부의 일환으로 축제를 이용했지만 사람들의 집단적 기억 속에는 중세 카니발의 그 '무질서하고 즉흥적인' 분위기가 고스란히 살아 있었다. 10월의 궐기는 이런 집단적 기억의 복원이었고 다시 축제를 즐기고 싶은 욕망의 서곡이었다.

3. 제1차 연맹제와 이어지는 축제들

바스티유 감옥 습격과 10월의 궐기 이후 파리의 혁명적 분위기는 지방으로까지 파급되기 시작했다. 지방의 농민들은 오랜 기간 억눌러온 한을 서서히 풀기 시작했다. 그들은 자신을 착취하던 영주나 신흥 부르주아들에게 저항하고 승리를 거두면서 봉건적 속박에서 벗어났다. 결코 상상도 할 수 없었던 이런 저항과 승리를 통해 지방의 농민들은 혁명과 축제의 주체로 성장하고 자발적 축제를 즐기기 시작했다. 농민들은 축제를 통해 승리의 기쁨을 만끽했다. 화톳불 주위에서 춤을 추며 연회를 벌이기도 하고 금지된 카니발 행렬을 거행하기도 했다. 혁명의 날을 상징하는 오월수를 심어 해방의 기쁨과 아직도 혁명이 끝나지 않았음을 서로에게 상기시켰다. 오월수 주변에는 늘 축제의 분위기가 감돌았다.

이런 일련의 소규모 축제 외중에 민중은 제1차 연맹제 — 바스티유 감옥을 습격한, 혁명이 비로소 시작된 1798년 7월을 기리는 행사―를 기획하고 준비했다. 바스티유 감옥 습격 1주년에 맞추어 거행된 이 행사는 민중의 자발성이 드러난 진정한 축제의 복원이라고 할 수 있다. 아직도 루이 16세가 왕위에 있고 모든 것이 불안하기만 한 상황에서 민중은 과감히 축제를 기획하고 스스로 참여함으로써 혁명이 아직 끝나지 않았고 현재 진행형이라는 사실을 스스로에게 각인시켰다. 제1차 연맹제는 힘든 노동 끝에 벌어진 축제를 통해 다시 새 힘을 얻어 계속되는 노동의 현장에서 필요한 에너지를 공급받는 것처럼 축제와 혁명의 변증법적 구속 관계가 지속됨을 상징한다. 축제는 결코 한 번으로 끝나는 소모적 행사가 아니다. 축제는 계속되어야 한다. 인간의 영성은 늘 축제를 통해 새로운 기운을 공급받는다. 혁명을 계속하기 위해서라도 축제를 계속해야 하는 것이다. 제1차 연맹제는 축제이면서 동시에 혁명이었다. 이 외에도 숱하게 많은 축제가 프랑스 대혁명 기간에 있었다. 당시 프랑스 민중에게 축제와 혁명은 인간을 해방시키는 두 구세주였다.

끝으로 재미있는 구절을 인용한다. 제1차 연맹제 기간 중에 있었던 한 이벤트에 관한 묘사다.

그 중 인상적인 이벤트는 7월 18일 샹드마르스에서 벌어진 열기구 띄우기 행사였다. 그날 국민방위대가 용감한 군인 몇 명을 태워 하늘을 향해 열기구를 띄운 목적은 '달에 착륙하여 그곳에 사는 사람들이 자유로운지 확인하고 만약 그렇지 않다면 인권선언을 읽어주고 온다는 것'이었다(윤선자, 2008: 77).

열기구는 그 당시로서는 하이 테크놀로지였다. 하이 테크놀로지를 이용해 달나라에 가서 인권선언을 읽어주겠다는 발상! 축제 기획자는 가장 첨단의 위치에서 차원이 다른 세상을 먼저 구상해야 한다. 이런 의미에서 축제는 결코 복고가 아니며 축제 기획자는 복원 전문가가 아니다. 가장 모던한 것을 염두에 두고 평면의 차원을 넘어서서 우주를 상대하는 큰 규모의 기획을 꿈꾸어야 한다.

베를린 올림픽 집단 최면의 대축제

우리가 살고 있는 이 시대는 모든 것이 가능한 시대이고 동시에 늘 불안한 시대다. 자본주의는 쉬지 않고 계속해서 새로운 상품과 서비스를 생산한다. 상품과 서비스는 우리의 필요를 초월하여 생산된다. 인간이 상상할 수 있는, 아니 상상 이상의 것조차 상품과 서비스의 대상이 된다. 물질적 필요는 충족된 지 이미 오래다. 상품과 서비스를 통해 심리적·정신적 위안까지 얻을 수 있다. 종교의 기능도 상품과 서비스에 포섭되었고 인간은 이제 상품과 서비스를 통해 구원을 얻고 해탈을 경험한다. 구원과 해탈을 위한 영적 각성은 더 이상 필요충분조건이 아니다. 영적 각성 대신 상품과 서비스를 구매할 수 있는 자본만 있으면 된다. 자본이 신이 되고 자본을 통해 구원을 받고 해탈을 경험하는 시대가 되었다. 그러나 이렇게 얻은 깨달음은 오래가지 않는다. 일회적이다. 찰나적 쾌락만 있을 뿐이다. 자본은 계속 상품과 서비스를 생산해야 한다. 단 한 번의 구매를 통해 영원한 만족을 얻는다면 그것은 반자본주의다. 모든 것이 일회성으로 끝나야 한다. 그리하여 소비는 늘 다음 소비를 위한 전제조건이 된다. 따라서 인간은 늘 불안할 수밖에 없다.

그러나 인간 존재에 관한 질문은 자본주의만으로는 설명되지 않는다. 인간은 물질적 존재이면서 동시에 영적 존재이기 때문이다. 인간은 신과 합일되는 엑스터시의 경지를 필요로 한다. 그런데 자본주의 체제하에서는 그 경지가 의도적으로 기획된다. 원시공동체 사회에서는 자연스럽게 발생한 축제를 통해서 엑스터시의 경지를 얻었지만 이제는 의도적으로 기획된 축제를 통해야 한다. 축제가 기획되는 것이다. 기획된 축제는 기본적으로 자본주의적이거나 또는 특정한 정치적 의도를 강하게 드러내는 도구가 된다. 그런데 축제가 특정 정치적 의도 하에 기획된다면 과연 그 결과가 어떨까?

축제를 기획하는 사람은 축제를 통해서 무엇을 얻을 수 있을까? 혹은 어느 수준까지 그것을 획득할 수 있을까? 돈을 벌기 위해서 축제를 기획하고 생활을 위해서 축제를 연출한다는 '지극히 상식적이고 합리적인 대답'은 잠시 제쳐두고 '축제의 가능성'에 대해 '사고의 제한' 없이 상상해보자. 축제를 통해 얻을 수 있는 최대치를 생각해보자. 축제의 목표이자 대상이 인간의 총체적 삶의 영역을 향한다면 결국 축제가 보여줄 수 있는 최대 가능성은 인간의 삶 전체를 구원하거나 파괴하는 것일 수도 있지 않을까? 축제는 인간이 신과 합일되는 연속적 과정이다. 그러나 그 신의 자리에 다른 무언가가 있다면 인간은 신인합일의 엑스터시에서 이탈하게 된다. 신의 자리를 대신한 그 무엇이 서서히 축제 참가자들에게 내면화되기 시작하는 것이다.

어떤 의도하에 고도로 치밀하게 기획되고 연출된 축제가 있다고 가정해보자. 게다가 이 축제는 일회성으로 끝나는 이벤트가 아니고 점점 더 사람들을 고무시키고 흥분시키면서 집단적 엑스터시에 몰입하게 만드는 강력한 요소를 가졌다고 가정해보자. 그 축제의 끝은 어떤 장면일까? 축제 마지막에 남는 것이 있다면 그것은 무엇일까? 사람들은 의도적으로 기획된 축제에 몰입되어 엑스터시를 체험할 수 있을까? 결코 가볍지 않은 이 물음에 대한 답을 찾기 위해 우리는 히틀러Adolf Hitler 치하의 독일로 눈을 돌려 볼 필요가 있다.

1. '국가사회당은 툭 하면 거리 행진을 벌였다'

독일은 산업혁명의 후발 주자로 출발했지만 비스마르크_{Otto von Bismarck}의 강력한 리더십으로 통일 후 급속한 경제발전을 이루었다. 석탄과 철강 생산량에서는 당대 선진국 영국을 앞질렀고 선박 건조에서도 영국과 경쟁하는 수준까지 올라왔다. 이러한 독일의 발전은 늘 영국과 프랑스에 열등감을 느끼던 독일 민족에게 큰 자부심을 안겨주었으며 제1차 세계대전의 원인遠因으로까지 이어진다. 세르비아의 수도 사라예보에서 울린 총성으로 시작된 제1차 세계대전에서 독일은 영국, 프랑스, 러시아, 미국 연합군을 상대로 약 4년 반 동안 전쟁을 치른 끝에 패전국으로 전락한다. 모처럼 획득한 게르만 민족의 자부심은 참담한 절망감으로 변했다.

> 이 조약 ― 베르사유 평화협정 ― 에서, (독일의) 우익이나 좌익 가리지 않고 모든 진영과 당파들에 이르기까지 잊을 수 없는 치욕감을 느끼도록 만든 악몽은 물질적인 부담보다 오히려 심리적인 부담이었다. (중략) (여러 부당한 조약 중에서도) 무엇보다도 일일이 지명된 도이치 장교들이 연합군 군사재판의 판결을 받도록 넘겨달라는 제228조항과 독일이 전쟁발발에 대해서 유일하게 도덕적인 책임이 있다는 그 유명한 제231조항이 그런 감정을 불러일으켰다(페스트, 1997: 157).

독일 국민은 게르만 민족의 자존심을 철저하게 망가뜨린 베르사유 평화협정과 전쟁 이후의 극심한 인플레율, 늘어나는 자살자, 계속되는 파산, 실직, 빈곤 등으로 삶에 대한 희망을 조금도 가질 수가 없었다. 고대 게르만 신화는 더 이상 독일 민족의 정신적 지주가 되지 못했고 인접국가들의 계속되는 내정간섭은 패전한 독일이 자생적으로 회복할 가능성마저 불투명하게 만들었다. 다시는 독일이 부강한 나라가 되지 못하고 영원한 후진국으로 전락할 것이라는 불길한 예감만이 유령처럼 독일 시민사회를 배회했다.

제1차 세계대전이 끝난 후 독일은 빌헬름 2세Wilhelm II가 통치하던 왕조국가에서 독일 최초의 공화국인 바이마르 공화국으로 체제가 바뀌어 본격적인 공화국 시대에 들어섰지만 새 공화국은 국민의 신뢰를 얻지 못하고 오히려 협정을 체결하는 과정에서 무능했다고 평가받아 통합적 능력을 상실한다. 이제 그야말로 누군가가 나타나야만 하는 상황이 되었다. 아무 가능성도 없고 모욕과 수치만 남은 민족. 빵도, 희망도 없는 국민들. 누가 이들에게 새로운 자긍심을 부여할 수 있을까?

당시 독일이 선택할 수 있는 이데올로기 세력은 둘 중 하나였다. 하나는 러시아 혁명에서 자극받아 노동자 계급 속에서 많은 영향력을 행사하던 좌파세력이고 또 하나는 히틀러와 같은 극우파 세력이었다. 좌파세력은 그 계급적 기반이 단일하고 또 소련의 영향력도 있어서 비교적 확고한 대오를 형성했던 반면, 극우세력은 전쟁과 혁명을 통해서 깨지고 해체된 존재들의 엉성한 군집체였다. 1919년 뮌헨에만 50개 정도의 극우파 모임이 있을 정도로 통일된 조직을 이루지 못한 상태였다. 그들에게는 통일된 이데올로기도 없었다. 그들은 그저 옛날이 그립지만 좌파 이데올로기에는 왠지 마음이 가지 않는 불만세력이었다. 히틀러는 예리한 통찰력과 천부적인 선동술로 이런 조직들을 묶어서 하나의 강력한 운동으로 발전시켰다. 그는 종전 이후 독일 국민에게 필요한 것이 무엇인지 알고 실천할 줄 아는 지도자였다.

전체적으로 이 시대는 매우 다른 원천과 매우 다양한 동기에서 지도자의 출현을 기다리고 있었다. 막연하고 감정적인 차원에서, 시에서, 그리고 과학적인 이성에서도 이러한 이념에 대한 지지가 있었다. (중략) 그리고 지도자의 출현은, 초인간적인 높이까지 오도된 믿음의 요구이며 헌신의 열망으로서, 마법의 영역으로 올라선 장교상이었다(페스트, 1997: 187).

히틀러는 당시 다른 경쟁세력들보다 시대 위기의 본질과 대중의 집단적 욕구를 정확하게 읽고 있었다. 히틀러에게 필요한 것은 선전·선동을 반복하고 화려한 이벤트를 통해서 대중에게 끊임없이 마취제를 공급해 지도자에 대한 믿음을 강화시키는 것이었다. 그러면 지도자와 국민은 하나가 되고 다시 한 번 위대한 게르만 정신을 복원시키는 일만 남게 된다. 히틀러의 국가사회당은 결코 상대방을 설득하려 들지 않았다. 좌파 사회주의 진영 역시 독일 민중에게 하나의 가능성이었지만 대중을 동원하는 실천 전략에서는 히틀러와 근본적인 차이점을 보였다. 좌파 사회주의 진영의 기본 전략은 노동자들에게 학습을 통한 계급적 각성을 환기시키는 것이었다. 사회주의 진영에는 기라성 같은 이론가들이 맹활약하고 있었고 늘 토론과 논쟁이 끊이지 않았다. 노동자들은 자본주의 체제에 대해 체계적으로 학습하고 그들의 연대의식이 왜 중요한지 공부했다. 또 노동자 해방을 위해서는 국가보다 계급이 더 중요하다는 공산주의 논설이 쉬지 않고 전개되었다. 그러나 히틀러의 국가사회당은 학습보다는 정서에 호소했고 계급보다는 민족을 주장했으며 토론 대신 이벤트를 통해 동지애를 고양시켰다.

국가사회당은 주말이면 독일 전역을 시끄럽게 행진하면서 선전·선동을 하고 커다란 목소리로 돌격대 노래를 부르고 구호를 외치면서 대중을 끌어들였다. 논리적 설득이란 처음부터 의중에 없었다. 훈장이 달린 군복을 입고 행진하는 구舊독일제국 군인들의 모습을 보면서 사람들은 다시 국가와 내가 하나가 되는 환상을 경험했다. 일상 속에서 낙담하던 사람들은 집단 이벤트에 동참하면서 비로소 해방의 공간을 만끽하고 다시 자신과 국가가 동일시되는 기쁨을 맛보았다. 국가사회당은 반복적으로 위대한 게르만 민족의 부활을 외쳤고 이런 구호에 동의하는 사람이라면 누구라도 형제로 받아들여 포용했다.

좌파 사회주의 진영이 히틀러의 국가사회당을 '인간 쓰레기'라고 욕하면서 무시할 때도 파시스트들은 전혀 개의치 않고 대중을 상대로 민족정신을 고무시키기 위한 이벤트를 기획하고 실천에 옮겼다. 히틀러는 이 이벤트에 독일 역사의 위대한 인물과 정신을 모두 용해시켜 끊임없이 화려하게 치장했다. 니체 Friedrich W. Nietzsche의 초인 정신과 바그너 Wilhelm R. Wagner의 거대하고 장엄한 연출 방식을 지속적으로 인용하고 모방하고 재창조했으며 사람들이 이해하기 쉽게 설명하고 이미지들을 통해서 계속 강한 인상을 심어주었다.

> (히틀러의 국가사회당이 주최하는 행사들이) 종교 모임 같았다는 보고도 바로 이런 집회들이 가진 제의적 특성을 증언해주는 부분이다. (중략) 호소력을 가진 작은 단위 몇 가지를 잘 만들어내고 그것을 적절히 반복하는 것, 그리고 반복되는 구호와 열기를 통해 청중의 사고를 일시적으로 중단시키는 최면 효과, 집회가 끝나고 난 후에도 기억에 남는 광신적인 열기와 망아적인 일체감. 그 특이한 체험은 마약처럼 사람들을 다시 집회장으로 불러들이고, 또 당원으로 만들었다(안인희, 2003: 317).

오스트리아 유학 시절부터 히틀러는 바그너 오페라의 웅장한 무대와 화려한 연출에 경도되었다. 게르만 신화를 소재로 만든 바그너의 여러 작품에는 독일 낭만주의와 민족주의가 교묘하게 결합되어 있었고 바그너 특유의 음악적 재능이 더해져 관객이 현실과 환상의 경계를 초월하게 만들었다. 게르만 신화에는 몰락에 대한 동경의 모티브가 들어 있다. 영웅의 비극적 몰락을 통해 얻는 카타르시스는 주인공과 나를 동일시함으로 오는 심리적 자기 위안이다. 히틀러는 잘 연출된 바그너의 작품들을 통해서 궁핍한 유학 시절에 심리적 위로를 받았고, 또한 바그너 오페라에 심취한 관객들을 보면서 연출의 중요성을 일찍

간파했다. 청년 시절 히틀러의 이런 체험은 이후 국가사회당에서 개최되는 모든 정치적 이벤트를 통해 유감없이 발휘된다.

히틀러는 정치 집회가 기본적으로 특정 이데올로기를 설파하는 공간이라는 일반적인 상식을 받아들이지 않았다. 그는 정치 집회가 벌어지는 공간을 바그너의 오페라 무대로 만들었다. 히틀러가 서서 웅변을 토하는 무대는 오페라 주인공이 노래하는 무대처럼 치장되었다. 스포트라이트가 히틀러를 집중적으로 조명하고 사람들은 카타콤의 비밀 신도처럼 숨죽이고 히틀러의 웅변을 경청하기 시작한다. 웅변이 서서히 격정적으로 흐르면서 사람들은 최면 상태로 빠져들고 반복되는 구호를 통해 혼연일체가 된다. 광신적인 열기만 가득한 공간에 게르만 민족을 찬양하는 음악이 웅장하게 울러 퍼지면 참가자들은 더 이상 히틀러를 정치 지도자로 여기지 않는다. 히틀러는 게르만교의 교주가 되고 메시아가 되어 게르만 민족을 구원할 그리스도의 위치에 오른다. 그리고 독일 국민은 교주 히틀러를 위하여 모든 것을 자발적으로 헌납하는 광신도가 된다. 그러나 그들은 결코 자신들이 광신도가 아니라고 주장한다.

히틀러 치하의 독일 국민의 일상성에 대해 연구한 여러 저서를 보면 독일 국민이 국가사회당에 입당하고 전쟁에 지원하고 유대인 학살에 동조하는 메커니즘에는 일정 정도 내면적 자발성이 있었다고 한다. 누군가의 순간적인 감언이설에 속아서 무책임한 결정을 내린 것이 아니라 자신의 신념에 의거한 결단이었다는 것이다. 물론, 내면적 자발성의 정의를 어느 정도로까지 규정하느냐에 따라 다소 논란의 소지는 있지만 중요한 것은 인간에 대한 통찰력에서 히틀러가 보여준 탁월한 전술이었다. 결국, 논리적 설득 및 부르주아 계급에 대한 투쟁 의식의 고취를 무기로 삼았던 좌파와, 대중에게 끊임없이 환상적인 이벤트를 제공했던 극우 파시스트의 싸움에서 승자는 극우 파시스트, 즉 히틀러의 국가사회당이었다. 그들, '국가사회당은 툭 하면 거리 행진을 벌였'기 때문에 대중의 마음을 사로잡을 수 있었던 것이다.

2. 베를린 올림픽, 제2차 세계대전을 위한 서시

1934년 힌덴부르크Paul von Hindenburg 대통령이 사망하자 수상이었던 히틀러는 국가원수와 수상직을 통합하면서 명실상부한 독일 최고의 유일 지도자가 된다. 오랫동안 꿈꾸어왔던 위대한 게르만 민족의 세계, 일등 민족 아리안족이 지배하는 세계, 1,000년 동안 흔들리지 않을 제3제국을 건설하기 위해 모든 것을 총동원할 시기가 온 것이다. 그러나 '아직은 시기가 아니다. 좀 더 시간이 필요하다. 주변 강대국들에게 빌미를 주어서는 결코 안 된다'라고 판단한 히틀러는 천재적 선동 전문가 괴벨스Joseph Göels의 조언으로 베를린 올림픽을 이용해서 '독일 민족의 평화 메시지'를 전 세계에 전달한다. 외부 세계에 대해서는 평화를 강조하고 독일 대중에게는 게르만 민족의 위대성을 다시 한 번 보여주는 계기로 올림픽을 이용하면서 세계 정복에 본격적으로 한걸음 더 나아갔다. 1936년 독일의 수도 베를린에서 개최된 제11회 올림픽은 이렇게 해서 전쟁을 선동하기 위한 화려한 이벤트로 전락한다.

> 1936년 베를린 올림픽에서 (중략) 사용된 기술들, 즉 치밀하게 조직되고 연출된, 군중을 압도하는 매스 퍼레이드, 종교의식을 방불케 하는 제의적 행사들, 해방과 구원의 느낌을 주는 마력적인 의식들, 이런 의식들은 '민족은 위대하다'라는 엄청난 체험과 '민족은 하나다'라는 민족 공동체 의식을 불러일으켰고, 이러한 느낌은 참가자들에게 지울 수 없는 깊은 인상을 심어주었다(안인희, 2003: 321).

히틀러에게 올림픽은 또 다른 정치 선전의 이벤트였다. 올림픽 기간에는 유대인 탄압도 일시적으로 중단했고 독일을 방문하는 외국인들에게 최대한 평화롭고 화려한 모습을 보여주려고 노력했다. 독일 민족은 평화를 사랑하는 민족이라는 메시지를 전달함으로써 인접국의 우려를 불식시키려 했으며 국민들에게는 세계인이 독일 민족의 위대성에 감탄하고 있다는 사실을 알리고 싶어 했다. 베를린 올림픽의 개회식과 폐막식은 히틀러의 이런 의도가 잘 표현된 화려한 퍼포먼스였다. 정교하게 조직되고 치밀한 의도하에 연출된 장면 하나하나는 이방인들에게 전율 그 자체였고 독일 국민에게는 세계를 상대로 성전을 선포하는 대장정의 서곡이었다.

베를린 올림픽에는 이전의 올림픽에는 없었던 의미 있는 이벤트가 있었다. 그 중 하나가 바로 성화 봉송이다. 올림픽 개막식의 하이라이트인 이 이벤트는 1936년 베를린 올림픽 때 최초로 도입되었다. 물론 단순한 성화 점화는 그 이전에도 있었다. 그러나 성화를 봉송한 다음 점화한다는 발상은 베를린 올림픽에서 처음 등장했다. 당시 올림픽 조직위원장이었던 칼 디엠Carl Diem의 아이디어였던 성화 봉송 이벤트는 개막식의 극적 효과를 높이는 수단으로 활용되었다.

올림픽 발상지 아테네에서 태양빛으로 채화된 성화는 릴레이 형식으로 수많은 주자에 의해 베를린까지 옮겨졌다. 유럽 문명의 시원이라고 할 수 있는 아테네에서 채화된 성화가 유럽의 여러 나라를 거쳐 최종적으로 베를린에서 계속 타오른다는 것은 나치의 선전술에 절묘하게 부합되는 것이었다. 히틀러는 게르만 민족만이 유럽 문명의 적통이라고 주장했고 유럽 문명의 시원은 고대 그리스에서 출발했다고 주장했다. 유럽 문화의 적통이 성화라는 상징을 통해 게르만 민족에게 전달되고 독일은 적통을 이어받아 세계를 통일할 신성한 의무를 부여받은 것이다.

3,000여 명이 동원되어 21일을 운반한 베를린 성화는 올림픽 개막식 당일 현장에 있던 히틀러에게 전달되었고 성화의 '신성한 빛'은 세계인들에게 나치의 반인류 음모를 희석시켰다. 나치 독일의 선전 기계는 이 성화 전달식 장면을 대대적으로 선전했다. 히틀러의 어용 배우 레니 리펜슈탈Leni Riefenstahl이 1938년 발간한 〈올림피아〉라는 다큐멘터리의 가장 유명한 장면이 바로 그리스에서 성화 봉송 주자가 에게 해海의 황혼을 배경으로 천천히 달리는 것이다. 히틀러의 기만적인 선전은 아주 성공적이었다(허위안춘, 2008).

독일 민족이 유럽 문명의 진정한 후계자라는 메시지를 성화 봉송이라는 이벤트로 연출하고 그 성화가 히틀러에게 전달됨으로써 인류 최대의 축제인 올림픽은 철저하게 세계의 지도자로서 히틀러의 위대함을 부각시키는 이벤트로 전락하고 말았다. 히틀러는 이러한 광경을 전 세계에 알리는 작업을 추진했다. 베를린의 제국방송사는 인류 최초로 방송 시설이 있는 지구상의 대부분의 나라에 베를린 올림픽 방송 보도를 송출하는 데 성공했다. 지금의 시각으로는 당연하게 여겨질 수 있겠지만 당시 통신기술의 수준을 고려하면 정치적 의도가 기술적 진보를 추동한 결과라고 볼 수 있다. 또한 TV를 통해 독일 주요 도시에 중계방송을 했다. 국민들은 TV를 통해 중계되는 독일 선수들의 모습을 보면서 민족적 자긍심을 공유했고 히틀러는 모든 미디어를 동원해 올림픽이라는 인류 최대의 축전을 게르만족의 화려한 재등장을 위한 선전 도구로 활용했다.

1936년 베를린 올림픽 이후 군사력을 포함한 국가의 모든 권력을 독점적이며 절대적으로 확립한 히틀러는 거침없이 이웃 나라로 무장 행진을 감행한다. 베를린 올림픽 2년 후인 1938년 오스트리아 합병을 시작으로 1939년에는 보헤미아와 모라비아를 보호국으로 만들고 폴란드를 점령했으며 1940년에는 노르웨이, 덴마크, 네덜란드, 벨기에, 프랑스를 점령하는 등 제2차 세계대전을 일으킨 것이다. 베를린 올림픽은 결국 이 모든 것들의 서곡이자 축제를 통한 선전포고였으며 평화 메시지 속에 전달된 나치의 음울한 행진곡이었다. 베를린 올림픽은 독일이 과거 패전의 굴욕을 마감하고 이웃 강대국들과 동등한 제국으로서 자신감에 가득 차 전진하는 새로운 미래를 상징하는 역사적이고 민족적인 거대 이벤트였다. 베를린 올림픽에서는 동원할 수 있고 상상할 수 있는 모든 것이 동원되었다.

3. 다시, 축제에 대한 질문

서두에서 언급했듯 축제는 인간의 총체적 삶에 대한 구원이며 파괴일 수 있다. 축제는 인간 해방을 위한 건강한 에너지가 되기도 하지만 때로는 마약처럼 암울한 현실을 잠시 잊게 만드는 도피처가 될 수도 있다. 히틀러라는 천재적 축제 기획자에 의하여 끊임없이 거행된 정치 이벤트에 때로는 자발적으로 때로는 어쩔 수 없이 동참한 독일 대중은 결국 제2차 세계대전의 도발자인 동시에 희생자가 되고 만다.

사람들은 교묘하게 의도된 축제를 통해 조작된 상징과 이데올로기를 내면화한다. 축제의 최종 도달점은 해방과 평등이지만 조작된 축제의 귀결점은 노예근성과 굴종이다. 해방과 평등의 전제는 주체적 자발성에서 출발하지만 노예근성과 굴종은 세뇌된 자발성에서 시작된다. 세뇌된 자발성에는 타인에 대한 배려가 없다. 평등에 기초한 형제애 대신 교주에 대한 충성만이 존재한다. 교주에게 절대적으로 복종하는 사람만이 내 형제자매가 된다. 교주에게 조금이라도 이의를 제기하는 이는 사탄이 되고 소멸되어 마땅한 존재로 낙인찍힌다. 교주는 세뇌당한 교도들을 위해서 제물을 준비하고 광신도가 된 신도들은 그 제물의 피를 통해 내부를 결속하는 힘을 끊임없이 유지한다.

히틀러 치하의 독일에서는 집시들이 희생양이 되고 장애인이 번제물이 되었다. 비판적 지식인뿐만 아니라 합리적인 발언을 하는 사람조차 집단적 폭력을 당했고 유대인 600만 명의 피가 제물로 바쳐졌다. 게르만족의 부활을 위해 수많은 사람이 희생되어 축제의 제단에 올려졌다. 그리고 마지막에는 광신도들의 피가 제물이 되었고 결국 축제는 파국을 맞았다.

인위적으로 조작된 축제는 인간을 해방시키는 축제가 아니라 반인간적이고 집단 광기적인 축제다. 신도들은 처음에는 자발적으로 참여하는 듯하지만 어느 순간 더 이상 참여의 주체가 아니고 객체로 전락한다. 인류의 역사에는 정치와 축제가 어우러져 인류 보편의 가치를 끝까지 지켜낸 프랑스 대혁명과 같은 아름다운 축제가 있는가 하면 정치와 축제가 결탁하여 인간을 파괴하고 인간성에 대해 끊임없이 회의하게 만드는 암울한 축제가 열리기도 했다. 바로 여기에 축제의 무한한 가능성이 있고 엄청난 파괴력이 존재한다. 그러기에 다시금 축제에 대한 원론적인 성찰이 필요하다. 이것이 축제 기획자에게 '철학'이 필요한 진정한 이유다. 누구를 위한, 무엇을 위한 축제를 기획하고 연출해야 하는가에 대한 답은 나와 우리 안에서 나와야 하고 그 출발점은 사회적 인간에 대한 역사적 해석과 철학적 통찰이어야 한다.

만국박람회 근대화된 축제

　　잠시 오래전 시골 장터를 추억해보자. 어렸을 때 시골에서
자란 사람이라면 쉽게 시골 장터의 떠들썩하고 흥거운 분위기가 기억날 것이다.
가고 싶어서 장이 서기 며칠 전부터 심부름도 열심히 하고 부모님 말씀도 잘
들으면서 마음 졸이고 기다리던 곳. 그래도 아버지가 데려가지 않을까 봐 새벽
잠을 설치면서 기다릴 만큼 가고 싶었던 곳. 대체 그곳에 무엇이 있었길래
오일마다 돌아오는 그 장에 그토록 가고 싶었을까?

　특별히 살 것이 있는 것도 아닌데 사람들은 왜 오일장에 가고 싶어 했을까?
단지 물품을 사고파는 것이 목적이라면 사람들은 그토록 오일장을 기다리지
않았을 것이다. 도대체 무엇이 시골 장터를 기다림의 마당으로 만들었을까?
시장에 가면 우선 알록달록한 꽃무늬 옷부터 예쁜 장신구, '동동 구루무'처럼
바르면 얼굴이 예뻐지는 화장품, 멀리 볼 수 있는 망원경 등 평소에는 볼 수도,
생각하지도 못하던 새 물건을 마음껏 구경할 수 있어서 무척 좋았다. 더욱이
아버지가 새 운동화라도 하나 사주시면 하늘을 날 것 같은 기분이었고 더 이상
바랄 것이 없었다. 시장에는 새로운 물건만 있는 것이 아니었다. 원숭이를 데리
고 와서 묘기를 부리고 약을 파는 사람, 엿치기하는 아이들, 홍길동·심청전을
감칠맛 나게 풀어주는 입담 좋은 아저씨도 있었고 가끔 소싸움도 볼 수 있었다.

멀리 도회지에 갔다 온 이웃 마을 아저씨의 신기한 여행기도 들을 수 있었다. 이렇듯 시장은 단순한 교역 장소만이 아니었다. 시장은 늘 새롭고 신기한 물품을 볼 수 있는 장소이고, 한동안 보기 힘들었던 이웃 마을 사람들을 만나는 마당이고, 공연과 놀이가 벌어지는 종합 엔터테인먼트 전시장이었다.

단조로운 일상 속에서 계속되는 노동은 육체적 삶에 필요한 양식을 공급해주지만 이 고단함을 풀어주는 무엇이 없다면 지겨운 고역에 지나지 않는다. 많은 경우 노동은 단순 반복적이다. 계절의 변화에 따라 진행되는 농사는 노동의 자율성을 허락하지 않는다. 일할 때와 쉴 때를 계절의 변화에 맞추어야 한다. 시기를 놓치면 수확을 포기해야 한다. 자연의 질서에 맞추어 몸을 움직여야 한다. 바다에 나가 고기를 잡는 어부 역시 기후의 변화를 늘 관찰해야 한다. 인간이 자연의 일부일 때 자연은 인간에게 생산물을 허용한다. 이런 관계는 오랫동안 계속되었다. 인간이 자연을 해석하고 능동적으로 대처하기 전까지 노동은 일상적이고 수동적인 행위였다. 계절과 기후, 낮과 밤에 맞추어 노동하고 생활해야 했다. 이런 환경 속에서는 노동이 늘 수동적이고 고역일 수밖에 없다. 노동은 생물체가 살아가기 위한 기본적인 행위이지만 노동의 고단함만이 지속되어서는 안 된다. 풀고 다시 시작해야 한다.

일상의 고단함을 풀어주는 것은 여러 가지가 있다. 하루의 노동이 끝난 후 마시는 막걸리 한잔, 일 년 농사가 끝나고 추수한 뒤에 오는 긴 농한기, 설날부터 정월 대보름까지 벌어지는 마을 축제 등은 그 나름대로 노동의 고역을 풀어주는 역할을 잘 수행해왔다. 그러나 앞서 열거한 것들이 노동 과정이 종료된 후 다음 노동을 위한 휴식의 순간이라고 한다면 시장은 새로운 것과의 조우 - 교환과 구매, 소비 - 를 통해서 노동의 의미를 재확인시키고 비일상적 분위기를 공급함으로써 정서적 충족감을 만족시켜 준다. 노동이 일상이라면 시장은 일상에서 벗어난 일탈이다. 농경문화에 익숙한 사람들은 계절과의 공조 속에서 얻는 생산물 위주로 삶을 영위하기 때문에 계절과 관계없이 생산된 다양한 물건을 보고 일상으로부터 잠시 일탈한다. 시간의 순환 속에서 발생하는 사건과 생산물은 오랜 시간 자연과 더불어 살아온 사람들에게는 익숙한 대상물이라서 평안함을 부여하지만 그 이상의 진기함을 가져다주지는 못한다. 시간 안에서 호흡한다는 것은 공간으로부터 자유롭지 못하다는 의미이기도 하다. 시간은 공간을 제한하고 순환적 시간의 흐름 속에 사는 사람들은 제한된 공간 안에서 사유하며 생활한다. 늘 동일하게 흐르는 시간과 제한된 공간은 같은 생산물을 만들어내고 사람들은 그 일상에 안주한다.

일상은 일상대로 필요하지만 사람은 일상만으로 살아갈 수 없다. 일탈은 일상과 더불어 존재에 생명력을 부여하는 두 가지 기본 축 중 하나다. 시장에 가면 일상의 생산물과는 다른 진기한 볼거리가 많다. 그것들은 순환론적 시간의 흐름을 거역하는 생산물이다. 시장에는 계절에 상관없이 온갖 진기한 산물이 진열되어 있고 여기저기에서 온 처음 보는 물품이 사람들에게 일탈의 단맛을 제공한다. 시장은 이렇게 시간과 공간을 초월하여 진기한 것을 진열하고 보여줌으로써 일상으로부터의 탈출구 역할을 한다. 시장, 진열, 전시, 관람, 박람 등 무엇인가 새로운 것을 보여주는 행위는 이제 서서히 상설화·대규모화되면서 일탈하려는 본원적 욕망을 순화시키는 도구가 된다. 사람들은 축제에서 엑스터시를 맛보는 영적 쾌감을 얻는 대신에 진열된 것들을 관람하면서 서서히 근대화된 축제의 소비자가 된다.

거시적으로 이야기한다면 중세의 자급자족 경제체제는 근대에 들어오면서 종말을 고하고 사람들은 기존의 축제 방식에 더 이상 유혹당하지 않게 된다. 신대륙을 발견해 식민지를 확보하고 르네상스를 통해 휴머니즘이 부활하며 산업혁명과 생산력의 증가로 물질적 풍요로움이 확보되자 계속 신상품이 만들어지고 진기한 물품이 수입된다. 동방과 아메리카로부터 새로운 문물이 유입되고 근대과학에 기초한 기술의 발달로 문명의 이기가 지속적으로 생산된다. 신상품과 진기한 물품이 계속 생산되고 유입될수록 시장의 역할은 커지고 그 규모는 거대해진다. 교환할 수 있고 사람이 많이 모이는 장소가 요구되고 형성된다. 이렇게 형성된 시장에 사람들이 모여들기 시작한다. 여기저기에 진열된 다양한 물품을 보는 것 자체가 하나의 즐거움이다. 이것은 현실에서는 생산되고 향유될 수 없는 이국적 정취이자 불가능한 꿈의 실현이다.

사람들은 이제 시장에서 축제의 마당을 발견한다. 인클로저 운동으로 농촌에서 쫓겨나 도시로 이동한 산업 노동자는 시장에서 새로운 축제의 마당을 발견한다. 전통적 축제는 조상 대에서부터 내려온 고정된 장소와 정형화된 틀을 전제로 하는데 농촌을 벗어난 노동자는 다시 고향에 갈 수가 없다. 고향은 이미 양들의 목초지가 되었다. 도시에서 축제의 마당을 찾아야 한다. 고향에서 버림받은 노동자는 도시 한복판에 새로이 만들어진 인위적 공간에서 상징적 장소를 만들어내고 새로운 형식을 발명해야 한다. 그러나 이미 형성된 기존의 재래시장으로는 노동자들의 기대를 충족시킬 수가 없다. 근대 자본주의에 걸맞은 새로운 유형의 대형 시장, 모든 진기한 것이 상설로 전시되어 있는 곳, 근대화된 욕구를 충족시킬 수 있는 곳, 모든 것을 보고 만지고 즐길 수 있는 곳이 필요했다. 이렇게 만국박람회는 탄생했다.

1. 1851년 런던 만국박람회

박람회의 기원을 정확하게 규정하는 것은 사실상 불가능하다. 무엇인가를 보여주기 위해 진열하는 행위는 근대에 한정해 설명할 수 있는 것이 아니다. 재래시장에서도 일종의 진열 행위는 존재했고 그 이전에 고대국가에서도 국가 행사로서 진열 행위가 존재했다. 전쟁에 나가 얻은 전리품을 시내 중심가에 진열해서 국가의 위대함을 국민에게 과시하는 일은 일상적인 통치 행위 중 하나였다. 매매를 위한 진열의 전통 역시 오래되었다. 상품을 전시하는 마케팅 행위는 유사 이래 보편적으로 존재해온 상행위라서 기원을 추정하는 것이 큰 의미가 없다. 그러나 근대에 들어오면서 상품의 진열은 단순한 상행위에서 벗어나 시장 경제의 서광을 알리는 화려한 뮤지컬 같은 종합 엔터테인먼트로 등장한다.

1851년 런던에서 만국박람회가 개최되기 전에도 유럽 각국, 특히 프랑스에서는 산업별 박람회가 체계적으로 열렸다. 대혁명 이래 프랑스에서는 박람회가 국가 주도로 진행되었다. 또한 다양한 분야의 박람회가 연례적으로 개최되었기 때문에 프랑스를 박람회의 선진국이라 해도 지나치지 않았다. 초기에는 미술품 중심으로 진열되었지만 그 범위가 서서히 공업제품으로 확대되고 나중에는 여러 분야의 제품이 전시되는 산업박람회로 발전했다. 그러나 프랑스를 포함한 유럽 여러 나라에서 개최된 모든 박람회가 일국 내에서 진행된 국내 행사였던 반면, 1851년 런던 만국박람회는 최초의 만국박람회였기 때문에 박람회의 성격이 더욱 명확하게 드러났다. 애초 영국은 박람회의 규모나 전통 면에서 프랑스보다 열세한 입장이었다. 프랑스에서는 대혁명 이래 시민을 중심으로 한 다양한 행사가 계속 이어졌고 박람회도 그 일환이었다. 끊임없는 볼거리가 시민에게 제공되었다. 공장에서 생산되는 신상품은 실용적 목적뿐만 아니라 시각적 욕구를 채워주는 볼거리로서 도시 중심지에 진열되었다. 프랑스는 정치적·경제적 목적하에 박람회를 계속 개최했다. 프랑스에서 이런 선진적인 박람회 열풍이 일었으나 안타깝게도 만국박람회라는 첫 번째 영예는 영국에게 돌아갔다. 당시 공업력에서 영국에 뒤처진다고 판단한 프랑스는 만국박람회를 두려워한 반면, 영국은 이런 면에서 자유로웠다. 당시 영국은 다른 나라 상품에 공포심을 품지 않은 유일한 나라였다.

　박람회의 목적은 더 많은 것을 더 다양한 방식으로 진열해 관람객의 시선을 사로잡는 것이다. 근대 이후 박람회의 최종 목적은 마케팅을 통한 상품 판매였다. 그러나 상품을 팔려면 일단 사람들의 시선을 유혹해야 하고 그러기 위해서는 진기한 것이 많아야 했다. 1851년 영국의 만국박람회는 박람회의 이런 기본 목적에 충실한 최초의 종합기획 전시회였다.

　당시 영국은 프랑스의 산업박람회를 능가하는 초대형 박람회를 기획하고 국가적 지원을 아끼지 않기로 결정했다. 프랑스의 전통 있는 산업박람회보다 뛰어나기 위해서는 뭔가 더 특별한 것이 있어야 했다. 영국은 그 해결 방안으로 만국박람회를 내놓은 것이다. 일국의 생산물이 아닌 전 세계의 진기한 생산물을 펼쳐놓는다면 프랑스의 산업박람회보다 더 유명한 박람회가 되리라는 것이 영국 정부의 입장이었다. 공업력에서 압도적인 우위를 차지하고 있던 영국이 만국박람회를 선택한 것은 탁월한 결정이었다.

　영국은 만국박람회 장소를 런던 하이드 파크로 결정한 후 대규모의 전시장을 기획하고 건축한다. 만국박람회라는 이름에 걸맞게 기획 단계부터 전시 시설 안을 국제 공모했고 국내외에서 총 245개의 안이 접수되었다. 최종적으로는 만국박람회 왕립위원회에서 독자적으로 결정한 설계도를 채택했지만 영국은 유럽인들에게 보여줄 수 있는 모든 것을 보여주려는 의욕으로 가득 차 있었다.

　만국박람회를 위하여 신축된 건축물인 크리스털 팰리스(수정궁)에는 '주철 3,800톤과 연철 700톤, 유리 30만 장과 목재 60만 입방피트'가 소요되었고 당시 영국의 최첨단 기술이 활용되었다. 이렇게 완공된 전시회장에는 원재료, 기계, 공업제품, 조각·조형미술 네 분야로 나누어 신상품을 전시했지만 실제로는 당시의 모든 상품이 전시되어 관람객의 호기심을 충족시켜 주었다. 거울, 총포류, 교회 모형, 공작기계, 윤전기, 25년 전 양고기 통조림, 샴페인, 인공 치아, 탈수기, 비누와 물이 필요 없는 면도기, 단검으로 사용할 수 있는 우산 등 세상의 모든 진기한 상품이 전시되었다. 한마디로 박람회장에는 근대산업하에 생산된 모든 상품이 진열되었고 그 양에서도 압도적인 규모로 방문객의 시선을 사로잡았다.

　그러나 박람회장을 찾는 사람들은 사실상 상품을 구매하기 위해 온 것이 아니었다. 기록에 의하면 박람회장을 방문한 사람은 총 600만 명이었는데 당시 런던의 인구가 200만 명이었음을 감안하면 얼마나 많은 사람이 박람회장을 찾았는지 알 수 있다. 박람회는 새로운 구경거리였고 박람회를 관람하는 것은 신세계로의 초대에 응하는 것을 의미했다.

　영국 각지에서 몇백만 명의 사람이 수정궁을 향해 공전의 대순례 운동을 시작했던 것이다. 교구의 목사가 선도한 농부들은 소박한 의복을 두르고 런던에 도착했다. 먼 도시에서 단체 여행의 일원으로 찾은 노동자도 있었다. 바다를 넘어, 가족이나 일꾼들을 데리고 온 부자도 있었다(요시미 순야, 2004: 66).

　박람회장은 모든 사람에게 새로운 축제의 마당이었다. 사고팔 것이 없어도 시골 장터에 가는 것처럼 많은 사람이 박람회장에서 새로운 것을 보고 축제를 다시 즐기기 시작했다. 축제를 위해서는 돈도, 시간도 아깝지 않았다. 박람회 전체 기간 동안 횟수에 관계없이 사용할 수 있는 입장권의 가격이 남자는 3기니, 여자는 2기니였는데 이는 당시 노동자의 한 달 월급에 해당하는 금액이었다. 이렇게 고가였음에도 개회 이틀 전까지 2만 5,000장이 팔렸다는 기록이 있다. 전시회를 보러 전국에서 온 구경꾼들로 런던 시내의 모든 숙박업소가 동이 나기도 했다. 박람회 관람은 모든 사람의 바람이었다.

　당시 박람회장에는 구경꾼의 시선을 사로잡을 만한 볼거리가 많았다. 박람회장은 단순히 신상품 전시장만은 아니었다. 전시장인 수정궁 자체도 하나의 큰 볼거리였다. 거대한 수정궁의 스펙터클한 외양은 사람들에게 경이감을 불러일으켰다. 최첨단 기계가 작동되는 모습은 어느 이벤트보다도 더 흥미로운 것이었다. 전시와 공연이 구분되지 않고 함께 어우러져 새로운 축제를 만들어냈고 사람들은 특정한 목적으로 박람회장에 오는 것이 아니라 박람회 자체를 즐기러 왔다. 마치 아무런 조건 없이 가서 즐길 수 있는 축제처럼 당시 박람회는 사람들에게 축제의 마당을 제공했다. 보는 것 자체가 즐거움이고 축제였던 것이다.

그러나 무엇이든 새로운 것을 보여주겠다는 주최 측의 의욕과 낯설고 이국적인 것에 대한 관람객들의 지나친 관심으로 불행한 전시물이 진열되기도 했다. 박람회가 활성화된 기간은 제국주의 시기였다. 유럽 제국들은 넘치는 자신감으로 유럽 역외에 존재하는 모든 인종을 미개화된 존재, 인간이 아닌 동물과 유사한 그 무엇으로 분류하여 단지 구경거리로서 화물선에 태워 유럽으로 이송했다. 1889년 파리의 만국박람회에서는 프랑스 식민지에서 '잡아 온' 원주민들이 전시되었다. 원주민들은 쇠창살 안에서 생활하며 구경꾼들에게 인간도, 동물도 아닌 특이한 존재로 선보여졌다. 구경꾼들은 열광적인 반응을 보였다. 사실상 '인간 동물원'이라고 볼 수 있는 이러한 기획은 당시 시민들에게 큰 호응을 얻었고 한동안 만국박람회에 유행처럼 퍼졌다.

> 1889년 파리 만박(만국박람회)은 회장 내에 식민지촌을 재현하고, 끌고 온 원주민들을 전시했다. (중략) 이때 전시된 원주민은 세네갈인 가족 8명, 콩고인 가족 7명, 뉴칼레도니아인 가족 6명. 이처럼 원주민들은 가족 단위로 끌려왔는데 각 가족이 같은 부족에 속해 있었다고는 할 수 없다(요시미 순야, 2004: 215).

이렇게 근대화된 축제, 만국박람회는 축제의 마당을 제공하여 노동과 토지로부터 소외된 노동자 계급을 비롯해 민중에게 새로운 즐거움을 제공했다. 하지만 상품 판매를 극대화하기 위한 마케팅 전략이라는 본래의 목적 또한 시간이 흐를수록 강화되었다. 자본을 확대 재생산하기 위해서는 지속적인 쾌락이 제공되어야 했기 때문이다.

2. 백화점, 박람회의 상설화

계속되는 박람회의 개최와 이어지는 성공은 박람회의 대형화와 정례화로 발전한다. 박람회 관람은 도시 사람들에게 대중오락이 되었고 하층 노동자 계급까지도 즐기는 축제가 되었다. 박람회에서는 신상품 전시 외에도 피에로의 연기, 외줄 타기, 공중 곡예 등을 공연했고 사람들은 박람회에서 이전에 즐겼던 축제의 모든 요소를 발견하고 공유할 수 있었다. 박람회의 이런 대중적 성격은 박람회를 서서히 상설화하는 계기가 된다. 박람회를 통해서 사람들의 관심을 집중시킨 경험은 자연스럽게 박람회의 상설화를 촉진하고 사람들은 상설화된 박람회장을 통해 일상적인 축제의 소비자가 되었다.

상품을 언제라도 볼 수 있고 편안하게 쇼핑할 수 있다면 사람들은 더 많이 소비하고 기업은 더 많은 이윤을 얻는다. 이것은 시장의 기본 역할이다. 유사 이래 계속 존재해온 시장의 1차적 목적이다. 시장의 기본 목적에는 전근대와 근대의 차이가 존재하지 않는다. 전근대에 시장의 1차 목적은 교환과 판매였고 이를 위하여 일부 전시 행위가 존재하는 정도였다. 시장의 규모는 작았고 교환되거나 판매되는 품목은 한정되어 있었다. 중세에서 시장은 봉건영주의 지배력이 미치는 지역 내에서 생활하는 사람들이 생필품을 교환하는 장소로 인식되었다.

근대에 들어와서 시장은 봉건영주의 지배력을 넘어서면서 자립하기 시작한다. 시장의 기본 목적은 여전히 전근대와 동일하지만 더 이상 물물교환의 장소나 단순한 판매 공간이 아니다. 사람들은 시장에서 새로운 것을 찾기 시작했고 일상에서 보기 힘든 즐거움을 얻고자 했다. 박람회는 정기적으로 열리는 시장의 한 형태로 받아들여졌다. 대중은 박람회에서 맛본 그 느낌이 일상적으로 지속되기를 원하고 박람회의 상설화를 열망했다. 시장을 위해 상품을 생산하는 상품경제 체제는 이 기회를 놓치지 않는다. 박람회의 상설화는 자연스럽게 백화점의 탄생으로 이어지고 백화점은 시장과 박람회의 장점을 종합하여 쇼핑을 통한 대중오락을 발견해 근대적 축제를 완성한다.

이렇게 백화점의 탄생은 박람회와 직간접적으로 연결되어 있다. 백화점은 박람회와 마찬가지로 모든 신기하고 새로운 것을 진열하고 가장 편한 상태에서 쇼핑할 수 있도록 각종 시설을 소비의 궁전에 걸맞게 구조화한다. 일단 소비의 궁전에 들어오면 외부 세계는 더 이상 필요하지 않다. 그 안에 모든 것이 구비되어 있기 때문이다.

> 봉마르셰 백화점은 내외관이 극도로 화려하게 장식되어 파리 어느 곳에 내놓아도 뒤지지 않는 호화 사교 살롱의 이미지를 갖추었다. 단지 상품만을 진열해놓은 것이 아니라 엘리베이터와 전기조명 등 당시로서는 첨단의 설비를 갖추었고 폐점 후에는 점내에서 무도회 및 음악교실, 회화교실 등을 개설했다(김인호, 2006: 4).

박람회를 통해서 신상품과 진기한 것의 매력에 유혹당한 경험은 지속적인 볼거리의 요구로 이어진다. 박람회는 늘 개최되는 것도 아니고 항상 갈 수 있는 곳도 아니다. 농촌에서 열렸던 재래시장은 더 이상 흥미를 끌지 못하고 도시로 나온 노동자들은 항상 새로운 볼거리를 갈망한다. 자본은 꾸준히 확대재생산되어야 하고 상품은 계속 팔려야 한다. 볼거리는 늘 전시되어야 한다. 박람회가 일상적 공간 속으로 편입되면서 만들어진 백화점은 결국 근대화된 축제의 완결편이 된다. 이제 사람들은 시선의 즐거움을 통해서 축제의 주인공이 된다. 쇼핑을 통해 욕망을 배출하고 주어진 공간 안에서 일시적으로 왕과 여왕이 되는 것이다.

이렇게 전통적 방식의 축제가 박람회와 백화점 쇼핑을 통해 변모해가는 과정은 근대 이전 오감五感에 의한 축제 즐기기가 시선의 즐거움으로 왜소화되는 과정과 일맥상통한다. 대상과 주체가 구분되지 않고 합일된 상태에서 엑스터시를 경험하던 기존의 축제와는 다르게 이제는 모든 것이 타자화되고 주체는 제한된 기쁨밖에 얻지 못한다. 쇼핑은 인위적인 거리 두기를 전제한다. 화폐를 매개로 하지 않으면 거리는 좁혀지지 않는다. 화폐를 얻기 위해서는 자본주의라는 새로운 시장질서에 충실해야 한다. 소용所用을 위한 생산에서 자본을 획득하기 위한 생산체제에 익숙해져야 한다. 그러나 화폐를 통한 소비는 결코 인위적인 거리 두기의 근원적인 처방이 못 된다.

> 철도와 파노라마관, 박람회의 공통점은 대상물인 '풍경'이나 '물건'과 인간 사이에 눈에 보이지 않는 경계, 즉 '보는 사람'과 '보이는 물건' 사이에 어느 정도의 거리가 발생한다는 것이다. 이 가운데서 본래의 물건을 한 장소에서 전시해서 확대된 세계상을 인식시켜 주려는 시도가 '박람회'라고 한다면 박람회보다는 경제적인 논리에서 더 치밀하고 물건(상품)의 세계를 대중화시킨 것이 '백화점'이라고 할 수 있다(김인호, 2006: 9).

백화점 안에서는 모든 것이 화려하게 전시되고 보여진다. 신상품이 꾸준히 진열된다. 거리 두기를 극복하려는 소비 행위가 이어진다. 계속되는 소비는 거리를 축소시킬 수 있다는 믿음을 확대시킨다. 백화점은 이런 믿음을 끊임없이 유포하고 선전한다. 사람들은 경제적 능력에 따라 얻을 수 있는 쾌락의 정도가 다르다. 백화점은 고객의 구매 능력을 확인하여 고객을 세분화하고 마케팅 전략을 수립한다. 이제 백화점은 자본과 결합해 스스로 제왕이 되고 사람들은 고객이 되어 단지 구매력에 의해서만 인정받는다.

3. 전시회의 새로운 가능성

현대로 들어오면서 우리는 박람회라는 한자어와 전시회라는 용어를 혼용해서 쓰고 있다. 여수 국제박람회와 같이 종합적 성격의 행사에는 박람회라는 표현을 사용하고 특정 산업 생산품을 진열하는 행사에는 전시회라는 명칭을 쓴다. 박람博覽이라는 표현에서 나타나는 떠들썩한 분위기는 이제 다른 분야에서도 많이 볼 수 있게 되었기 때문에, 굳이 박람회를 찾지 않아도 사람들의 여흥거리는 차고 넘치지만 아직도 사람들은 박람회와 전시회에 대한 기대를 포기하지 않았다. 박람회는 세분화되어 전시회로 이전되고 있고 'Display'의 의미가 강조되는 전시展示라는 용어가 일상화되었다.

코엑스COEX와 킨텍스KINTEX, 세텍SETEC에서 열리는 대규모의 전시회만 해도 일 년에 150개 가까이 된다. 매일 서울 어디에선가 큰 규모의 전시회가 열린다. 그러나 그 많은 전시회 중에서 실제로 이름값을 하는 전시회는 몇 개 되지 않는다. 수익을 남기고 참가한 모든 사람에게 실질적인 이득을 가져다주는 전시회는 그다지 많지 않다. 성공적으로 운영되는 전시회도 대부분 언론사의 영향력에 의한 것이고 실제로 콘텐츠나 기획력에 의해 성공한 전시회는 소수에 불과하다. 실제로 전시회에 가보면 전시회라는 명칭에 어울리지 않게 주먹구구식으로 운영되는 곳도 많고 마지 못해 참가해서 억지로 부스를 지키는 업체도 많다.

전시회의 목적은 단순한 상품 전시가 아니다. 사람들에게 새로운 것에 대한 호기심을 유발시켜야 한다. 인간은 시대를 뛰어넘어 늘 새로운 것을 소망하는 존재다. 그 새로운 것이란 신상품일 수도, 새로운 콘텐츠일 수도, 뉴 패러다임일 수도 있다. 그리고 이 모든 것의 통합일 수도 있다. 아날로그 개념을 고집하여 상품을 세분화하고 단순 전시하는 방식은 오늘날 더 이상 유효하지 않다. 디지털 컨버전스의 시대에는 모든 것과의 인터페이스가 가능하다. 상상할 수 있는 모든 것을 동원할 수도, 전시할 수도, 공연할 수도 있다. 구체적으로 보이는, 만질 수 있는 하드웨어는 기본이고 가상 체험을 통해 미래 세계를 방문하는 것은 물론 아바타를 통해 가상현실을 체험할 수도 있다. 꿈과 현실의 경계가 무너지면서 인간 상상력의 극한까지 체험할 수 있게 되었다. 적어도 가상현실 속에서는 모든 것이 가능하다.

박람회가 근대과학의 산물이고 사람들이 박람회를 통하여 근대화된 축제를 즐겼다면 현대의 디지털 테크놀로지의 발달은 또 다른 차원의 축제를 가능하게 해준다. 디지털 기술을 활용하여 시공간을 극복하는 발상으로 늘 새로운 축제를 즐길 수 있다. 축제는 항상 진보한다.

미국 대선 축제와 정치의 조화

　　　　　미국 대통령 선거 과정은 단지 미국인만의 관심사가 아닌 지 오래되었다. 미국의 영향력이 모든 면에서 전 세계적으로 확산되면서 미국 대통령은 세계 대통령이나 다름없기 때문에 미국 대통령 선거 과정은 당연히 모든 나라의 주요 관심사가 될 수밖에 없다. 예비 경선이라 부르는 코커스 caucus와 예비 선거primary를 거쳐 본선에 이르는 모든 과정이 다양한 미디어를 통해 전 세계에 생중계된다. 거의 2년에 걸쳐 진행되는 이 선거 과정은 미디어의 상업 전략과 맞물려 미국인들에게 재미있는 볼거리를 제공하고 끊임없는 대화의 소재를 공급해준다.

　미국에서 일찍부터 미디어 정치가 만들어지고 활용되어왔다는 것을 이해한다면 이러한 정치 이벤트는 당연한 것으로 수용될 수도 있다. 그러나 미디어의 발전이 단지 미국에서만 전개되고 있는 일이 아니라 전 세계적인 현상이라는 것에 동의한다면 미국의 대선 과정을 다른 시각에서 바라볼 이유가 생긴다. 예를 들어 한국의 대선 과정과 비교해보자. 제16대 대통령 선거 과정에서 나타난 뉴 미디어의 활용 전략은 노무현의 당선이라는 예상치 못한 결과를 가져와서 선거 기획자들의 예측력을 무색하게 만들었다. 그 결과 제17대 대선에서는 어느 정당이건 간에 뉴 미디어에 대한 의존도를 강화했지만 대선 자체가 재미있는 정치적 이벤트로 연결되지는 못했고 많은 사람의 무관심 속에서 끝나고 말았다. 선관위가 UCC를 과도하게 통제하는 등 유권자들의 자발적 참여를 힘들게 만들어서 미국식 미디어 정치의 가능성이 아직 한국에서는 쉽지 않다는 것을 보여주었다. 이것은 아직도 미디어에 대한 보수적 시각이 존재한다는 의미이며 오히려 지난 제16대 대선이 예외적인 현상이라는 것을 보여주기까지 한다.

미디어는 계속 새로워지고 있다. 뉴 미디어가 만들어지면서 새로운 소통의 통로를 만들어내고 있는 것이다. 그러나 선거에 관한 한 한국 사회는 아직 뉴 미디어에 민감한 반응을 보이고 있다. 선거에서 미디어를 완벽하게 활용하는 것은 시기상조로 보인다. 새로운 미디어가 탄생할 때마다 미국은 선거에 적극 활용해왔다. 대통령 선거에서 TV 토론을 처음 채택한 것도 미국이다. 당시 여론조사에서 계속 앞서 가던 공화당의 닉슨Richard Nixon을 민주당의 젊은 후보 케네디John F. Kennedy가 이길 수 있었던 것은 TV 토론에서 케네디가 보여준 자신감 넘치는 태도와 확신에 찬 어조 때문이었다. 이때부터 선거는 TV를 통해 사람들에게 친근하게 다가오기 시작했고 정치가들은 TV를 통하지 않고는 대중에게 접근할 수가 없었다.

이렇게 미디어가 미국의 대선 과정을 하나의 예능 프로그램으로 변모시켜 사람들의 관심을 고양시키는 데 일조한 것은 분명하지만 미국인들이 대선 과정을 하나의 재미있는 정치적 이벤트로 수용하게 된 데는 또 다른 요인이 있다. 미국은 건국 과정부터가 독특하게 진행된 나라다. 건국 시조도 없고 신화나 설화도 존재하지 않는다. 건국 과정이 분명하게 알려진 거의 유일한 나라이며 국가가 성립되기 전에 먼저 시민이 존재했던 나라다. 또한 다민족·다문화 국가이면서도 그 갈등의 폭은 상대적으로 적고 사회적 안정이 잘 유지되는 나라이기도 하다. 이 글에서는 이런 미국적 특성이 어떤 과정을 거쳐 선거를 축제로 만들었고 무엇 때문에 미국의 대선 과정이 미국인들에게 즐거운 축제이자 신나는 이벤트가 되었는지 축제의 관점에서 살펴보기로 한다.

사실 선거와 축제는 양립하기 어려운 개념이다. 선거는 본질상 경쟁을 전제로 하고 축제는 조화를 근거로 삼기 때문이다. 우리의 지난 선거사選擧史는 숱한 폭력으로 점철되어 있다. 금품 살포와 공약 남발은 그래도 봐줄 만하다. 흑색선전과 중상모략, 조폭 동원과 인신공격까지 상상할 수 있는 모든 것이 동원된다. 최종 선거에서 이기기 위해 수단 방법을 가리지 않고, 당선이 되면 이런 모든 것을 용서받고 승자로서의 권력을 차지한다. 즉, 과정이 어떠하든지 이기기만 하면 모든 것이 해결되는 방식으로 선거가 진행되어왔다. 과정은 별 의미가 없다. 중요한 것은 결과로서 승리의 월계관뿐이다.

그러나 이런 정황을 꼭 한국 정치에만 연계시켜 생각할 이유는 없다. 아직도 많은 정치 후진국에서는 선거 과정이 민주적으로 치러지지 않고 있으며 선거 과정의 강압적 폭력성 때문에 소요나 데모가 빈번하게 발생한다. 정리하자면 민주주의의 제도화가 미성숙된 정치경제적 후진국에서는 승자독식의 원리가 강하게 작동하고, 경제적 부가 제한되어 있어 정치의 승자가 국가의 부를 독점할 수 있기 때문에 정치판의 선거는 글자 그대로 'All or Nothing' 게임이 될 수밖에 없다. 결국, 선거 과정을 즐긴다는 여유 있는 소리가 나올 수 없다. 즉, 선거가 이벤트가 될 가능성이 원천적으로 봉쇄되는 것이다. 그러나 이러한 현상이 꼭 정치경제적 후진국에서만 일어나는 것은 아니다. 예를 들어 일본의 선거를 생각해보자. 정치적·경제적으로 일본을 후진국으로 볼 이유는 그다지 없지만 일본에서 치러지는 정치 선거에서는 왠지 축제의 향기가 느껴지지 않는다. 유신 시절 통일주체국민회의 대의원을 선출하는 것과 같은 기계적이고 건조한 느낌만 전해진다. 물론 일본 국민에게는 그 선거 자체도 재미있는 정치적 이벤트라고 할 수 있겠지만 우리의 입장에서 보면 상대적으로 역동성이 덜하다. 자민당의 장기 집권과 계파별 권력 분배의 메커니즘하에서는 역동적인 선거를 기대하기 힘들다. 선거는 단지 정치 지도자를 선출하는 요식적 행위가 아니라 특정 사회의 정치문화를 나타내는 종합적 산물이기 때문이다.

1. 태초에 '시민'이 있었다

미국은 영어로 'The United States of America U.S.A.'다. 여기서 관심 있게 보아야 할 부분이 'States'라는 단어다. 즉, 각 주State가 있고 그 주들이 연합해서 'U.S.A.'가 된다. 주 안에는 자치주County가 있고 자치주 안에는 도시City가 있다. 그 도시는 소도시Town로 구성된다. 미국은 이처럼 도시와 소도시에서 출발한 나라다. 국가 이전에 도시와 소도시가 있다. 그리고 그 도시와 소도시의 주인인 시민이 있다.

처음 미국 땅에 정착한 사람들에게 미국이라는 국가가 선재했던 것은 아니다. 초기 정착민들에게는 그저 땅과 이웃만이 존재했을 뿐이고 나머지는 모두 개척하거나 경계해야 할 대상이었다. 법과 질서는 아직 만들어지지도 않았고 제정되었다 하더라도 너무 멀리 있었다. 초기 정착민들에게는 가족, 친지, 같은 교회 신도들 등 가까운 이웃과의 커뮤니케이션만이 유일한 생존 무기였고 삶의 사회적 기반이었다. 이들은 모여서 함께 논의하며 문제를 해결해나가야만 했다. 국가가 존재하기 이전이었기 때문에 국가가 그들에게 무엇을 해줄 수 없었으며 모든 문제는 작은 공동체에서 주체적이고 자발적으로 해결할 수밖에 없었다.

미국은 국가 이전에 시민이 선재했던 거의 유일한 국가다. 초기 정착민들에게는 작은 공동체에 적극적으로 참여하는 것이 당연한 정치 행위였다. 이들에게 정치는 실존적이며 현실적인 일상 행위였던 것이다. 또한 미국은 기본적으로 본국에서 정착하기 힘들었던 전력을 가진 이주민들이 정착해서 세운 국가다.

메이플라워호를 타고 온 청교도부터 미국 남부의 광활한 토지가 필요했던 투자자나 구대륙에서 먹고살기 힘들어 피난 온 하층민에 이르기까지 그들은 기본적으로 본국으로부터 어떤 한계를 느끼고 도망치듯 빠져나온 사람들이었다. 종교적인 이유든 정치적인 이유든 미국으로 이주해 온 사람들 중에는 본국에서 기득권을 향유했던 이들이 극히 드물었다. 본국에서는 충족될 수 없는, 충족되지 않는 어떤 경제사회적 욕구를 성취하기 위해 온 사람들이었다. 긍정적으로 묘사하면 자신의 삶을 신세계에서 마음껏 펼쳐보려는 의욕으로 가득 찬 사람들이고 부정적으로 묘사하면 더 이상 물러설 곳이 없는 사람들이었다. 이런 이주민들이 모여서 만든 작은 공동체가 미국의 시작이고 출발점이다.

이러한 사실이 시사하는 바는 매우 중요하다. 미국은 처음부터 이런 작은 공동체, 즉 주민이 자발적으로 참여하지 않으면 모든 것이 운영되지 않는 공동체로부터 출발했다. 이주자들은 더 이상 돌아갈 곳이 없는 사람들이었기 때문에 주민 자치에 매우 적극적일 수밖에 없었다. 이들에게 공동체의 지도자를 선출하는 행위는 본인의 생존과 연결되는 중요한 문제였기 때문에 결코 소홀히 할 수 없었다. 지도자는 주권의 주요 형상이었고 선거는 그 주권이 시민에게 있다는 사실을 다시 확인하는 제례 의식이었다. 이렇게 민주주의의 핵심인 주권재민의 원칙이 미국 초기 정착민들에게는 철칙이었고 바이블이었으며 신성불가침의 언약이었다. 사회과학의 고전 중 하나인 『미국의 민주주의』에서 알렉시스 드 토크빌Alexis de Tocqueville은 다음과 같이 미국의 주권재민에 대해서 서술한다.

그 원칙(주권재민의 원칙)은 관습으로 인정되어 있고 법률로 재정되어 있으며 자유스럽게 퍼져 있고 아무런 장애에 부닥치지 않은 채 가장 궁극적인 결과에까지 이를 수 있다. 주권재민의 원칙이 공평하게 판별될 수 있고 사회 사태에 그 원칙이 응용되는 과정을 관찰할 수 있고 또한 그 위험성과 이점을 판단할 수 있는 나라가

이 세상에 있다면 그 나라는 분명 아메리카일 것이다(토크빌, 1997: 115~116).

결국 이들에게 정치 행위는 주권재민의 원칙을 확인하는 체험장이고 아고라가 살아 숨쉬는 민주주의의 현장이었기에 모든 정치 행위가 이벤트가 되고 축제가 될 가능성이 다분했다. 실제로 이들은 그렇게 정치 행위를 즐겼다. 투표를 통해 정치에 참여하는 과정이 살아 있는 민주주의를 체험하는 것과 동일시되었다. 민주주의의 원형으로 묘사되는 고대 그리스의 도시국가 아테네에서 행해진 직접 민주주의가 미국식 버전으로 다시 탄생한 것이다.

누구라도 의견을 내놓을 수 있고 지도자가 될 자격이 있다. 사람들은 서로를 잘 알고 즐거운 마음으로 지도자를 선출한다. 그러나 그 지도자에게 어울리는 것은 권위나 영광이 아니라 고난의 십자가다. 지도자는 먼저 희생될 가능성이 높다. 아직 치안도 불안하고 언제 강도가 쳐들어올지 모른다. 지도자와 구성원은 하나가 되어 마을을 지켜야 하고 지도자는 그 선두에 서야 한다. 그리고 하나가 되어야 한다. 원시공동체 사회처럼 족장과 모든 구성원이 하나가 되어 문제를 해결해야 한다. 선거는 이런 지도자를 선출하는 행위다. 따라서 선거는 지도자와 구성원이 하나가 되는 과정이고 하나가 되었다는 것을 공표하는 제전이다.

만약에 어떤 공동체의 지도자가 그 공동체의 구성원을 위해 일하는 것이 확실하다면, 그 지도자의 헌신성이 분명해 보인다면, 다시 말해 그 지도자가 공동체로부터 돈을 얻어 더 큰 공동체에 상납하지 않고 오로지 본인이 속한 공동체를 위해서만 일한다면 사람들이 선거에 임하는 태도가 분명 달라질 수밖에 없을 것이다. 한국의 선거 문화가 '그놈이 그놈'이라는 자조적인 표현에 익숙한 현실과 비교해본다면 주권재민의 원칙 속에서 자발적으로 투표를 해온 미국의 전통은 결코 간과할 수 없는 중요한 요소 중 하나다. 결론적으로 선거가 축제가 될 수 있는 가능성은 선거 자체의 민주주의 원칙을 재확인하는 것에서부터 출발한다. 선거가 주권재민의 원리를 다시 확인하고 실현시키기 위한 기제로 작동하는 것이 확실하다면 선거는 자연스럽게 축제가 될 수 있고 산나는 이벤트로서의 필요충분조건을 확보하게 된다.

2. 미국식 '개인주의'의 전통

'아메리칸 드림American Dream'이라는 단어가 지금은 보통명사처럼 인용된다. '○○ Dream'이라는 표현처럼 명사 'Dream' 앞에 수식어가 붙어 '○○에서의 성공'을 의미하는 표현으로 활용되지만 처음 그 단어가 사용되고 확산되는 과정은 결코 낭만적 유토피아와는 거리가 멀었다. '아메리칸 드림'은 미국의 건국 정신 또는 이데올로기를 표현한다고 해도 과언이 아니다. 즉, 미국의 건국 정신은 꿈을 실현하는 것이라고 볼 수 있으며 이는 지금까지도 여전히 유효한 미국의 지배 이데올로기라고 할 수 있다.

미국 독립 선언서에는 건국의 이념이 수려한 표현들로 채워져 있지만 한마디로 요약하자면 아메리칸 드림의 선언이라고 할 수 있다. 행복하게 사는 것이 가장 중요하다고 선언하는 것이다. 시민의 안전과 행복을 위해서는 혁명이 정당하다고 독립 선언서는 분명하게 말하고 있다. 그러나 여기에서 확인하고 넘어가야 할 중요 요소가 하나 있다. 아메리칸 드림의 주체는 철저하게 개인이라는 것이다. 즉, 우리가 아니라 개인의 아메리칸 드림이다. 개인의 범위를 최대한 넓혀도 결코 가족을 넘지 못한다. 바로 이 지점에서 미국의 개인주의와 유럽의 개인주의가 극명하게 갈라선다.

개인주의라는 단어나 개념은 매우 포괄적으로 사용되며 정의하기가 쉽지 않다. 철학적 의미에서의 개인주의는 고대 그리스의 소피스트로부터 시작되고 사회과학적 의미에서의 개인주의는 르네상스 이후 인문주의의 부활과 맥을 같이한다. 르네상스 이후 유럽에서는 합리주의가 지배 이데올로기가 되면서 인간 이성에 대한 우월적인 신뢰로 개인주의가 탄생했지만 그때의 개인은 주체로서의 개인이었지 결코 파편화된 개별자가 아니었다. 다시 말해, 합리주의의 기반하에 종교와 국가, 계급의 관계를 기본으로 하는 개인이었다. 즉, 인간 이성을 보편적으로 구현하는 개인이었다. 그러나 아메리칸 드림의 주체로서의 개인은 관계 속의 개인이 아니다. 그 개인은 관계와는 상관없는 '나 자신'일 뿐이며 '내 가족'일 뿐이다. 나와 내 가족이 물질적으로 풍요를 누리고 안온한 생활을 영위하는 것, 이것이 아메리칸 드림의 가장 중요한 최종 목표다. 유럽의 개인주의는 여러 사회적 관계 속에서 설정되기 때문에 개인주의의 스펙트럼이 자본주의와 사회주의를 넘나들며 다양하게 구현되지만 미국의 개인주의는 철저하게 자본주의의 경계 내에서만 유영한다. 내가 성공해야 의미 있는 것이지 우리가 잘되는 것에는 별 관심도 없을뿐더러 중요하게 여기지도 않는다. 이 점에서 미국의 개인주의는 유럽의 개인주의와 차이점을 보여준다.

> 미국인은 개인의 행복 추구를 삶의 가장 중요한 목표로 둔다. 미국인의 가치관에 따를 때 개인이 행복하기 위해 하는 모든 행위는 항상 옳은 것이며 개인의 행복이 아닌 다른 것을 추구하는 행위는 옳지 않거나 비정상적인 것이다(이현송, 2006: 404).

개인의 노력으로 아메리칸 드림을 성취한 경우 그 사람은 모든 이의 존경을 한몸에 받는다. 카네기Andrew Carnegie와 록펠러John D. Rockefeller에서 타이거 우즈Tiger Woods, 하인스 워드Hines Ward, 그리고 제44대 미국의 대통령이 된

버락 후세인 오바마Barack Hussein Obama까지 개인의 순수한 노력으로 성공을 거둔 이는 그에 합당한 대우를 받는다. 그것은 사회의 모든 분야에서 일어나고 이번 제44대 대통령 선거에서처럼 주요 선거에서 일어나기도 한다. "누구나 다 게임에 참가할 수 있다. 규칙은 공정하다. 이기는 사람이 영광의 면류관을 쓸 수 있다." 이렇게 누구나 다 규칙이 공정하다고 믿고 승리한 사람에 대해서 동일한 마음으로 칭송하는 분위기가 일반적이라면 그 선거 과정은 당연히 기대 와 설렘으로 충만할 수밖에 없을 것이다.

3. 멜팅 포트의 사회

멜팅 포트Melting Pot는 미국 문화의 특수성을 표현할 때 사용되는 비유적 표현이다. 이주민에 의하여 만들어진 국가답게 미국은 이민에 개방적이다. 물론 시기적으로 폐쇄적인 정책을 채택했던 경우도 있지만 전체적으로 역사를 개괄 한다면 미국은 이민을 통해 성장하고 발전한 나라라고 말할 수 있다. 건국 초기에는 주로 앵글로 색슨 계열에서 이민이 시작되었고 이어 라틴, 히스패닉, 아시아인으로까지 확대되면서 세계 모든 인종이 모여 사는 거대한 멜팅 포트로 변했다.

전 세계 인종이 모여 사는 나라는 사실상 미국이 유일하다. 구소련이나 중국 처럼 전쟁이나 점령을 통해 이민족을 흡수·합병하여 하나의 국기國基 아래 통합한 경우와는 성격이 다르다. 강제적으로 흡수·합병한 경우에는 그 강제의 원인이 소멸할 때 이내 분열되고 극한의 갈등으로 비화된다. 구소련이 붕괴한 후 분리 독립한 소비에트 연방 산하의 여러 국가에서 늘 긴장의 요소가 끊이지 않고 중국에서 소수민족 문제가 부각되는 것을 생각해보면 이런 사실이 더욱

자명해진다. 러시아의 모스크바에서는 체첸 공화국 전사들의 자살테러가 끊이지 않고 중국의 북경은 티베트의 분리 지도자들 때문에 늘 예민한 상태다. 인위적이고 제국주의적인 흡수·합병에는 늘 피의 냄새가 진동하고 피압박 민족은 복수를 맹세하면서 때를 기다린다.

초기 특수한 경우를 제외하면 미국은 자율적으로 형성된 다민족 국가의 전형적인 형태를 보여준다. 타인종이나 민족을 강제로 이주시킨 것이 아니라 그들이 자발적으로 이주해 와서 독특한 공동체를 형성하고 이내 미국이라는 큰 포트 pot에 녹아들면서 미국 시민으로서 정체성을 다시 찾는다. 미국이라는 신세계에 들어오면서 이전에 갖고 있던 정체성이 질적 변화를 일으킨 것이다. 이제 서서히 본래의 인종적·민족적 차이는 희석되고 미국 시민으로서의 정체성이 더 중요한 가치가 된다. 그리고 자율적으로 이주가 이루어졌기 때문에 일정한 사회적 갈등이 발생해도 결국 체제 내에서 해결하려는 방식으로 전개된다.

물론 기본적으로 갈등이 내재화되어 있는 현대사회의 속성을 무시할 수는 없다. 또한 아직도 일부 앵글로 색슨 계열의 백인들이 정치경제의 주도권을 상당 부분 점유하고 있기 때문에 미국 내 여러 인종이 동등하게 주권을 행사하고 있지는 못하다. 그러나 이 점유율의 격차는 점차 줄어들고 있다. 이상적인 척도를 기준 삼아 평가한다면 아직 여러 면에서 부족하지만 역사적 관점에서 파악한다면 인종 간 갈등은 많이 완화되었다. 모든 것이 일거에 완성되지 않으며, 역사가 과정이라는 사실에 동의한다면 이런 다민족의 공존에 대해 긍정적인 평가를 내려도 좋다고 생각한다. 미국 제44대 대통령에 흑인 오바마가 당선된 것은 이런 변화를 잘 보여준다.

다양한 인종이 공존하다 보니 자연스럽게 보편적 시민으로서의 권리 획득이 중요한 정치적 의제로 부각된다. 모두가 미국 시민이 된 이상 개별 민족의 전통을 부활시키거나 타인종에 대한 상대적 우월성을 강조할 필요가 없다. 여기에서 다시 시작하는 것이 중요하고 그러기 위해서는 용해되고 융합해야 한다. 특수성을 포기할 필요는 없지만 드러낼 필요 또한 없다. 각 개인의 자유에 기초한 민주주의에 의거하여 아메리칸 드림을 이루면 된다. 인종적 배경보다는 개인의 능력이 중요시되고 그 중 정치적 능력은 선거를 통해 표출된다. 모두가 참여하는 선거를 통해 신세계의 지도자가 되는 것이다. 선거는 집단적 개인에서 주체적 개인으로 넘어가는 통과의례를 상징한다. 히스패닉의 울타리에 있는 한 계속 히스패닉일 수밖에 없지만 선거를 통해 히스패닉의 경계를 뛰어넘으면 모든 인종에게 선망의 대상이 된다. 히스패닉 계열의 출마자가 주지사가 되고 아시아 계열의 출마자가 연방의원이 된다. 또 이들이 모여 오바마를 당선시킨다. 작은 선거를 통해 힘을 얻고 더 큰 선거를 통해 축제의 열기를 확인한다. 그리고 그 힘을 모아 사회를 바꾸어나간다. 섞여 있지만 각자의 색이 존재하고 그러면서 다시 융합되는 사회, 선거를 통해 가능성이 확인되는 사회에서 선거는 선거 이상의 의미로 존재한다.

4. 그리고, 버락 후세인 오바마

오바마가 실제로 미국의 제44대 대통령이 되리라고 예상한 사람은 많지 않았다. 그는 워싱턴 정가에 거의 알려지지 않은 정치 신인이었다. 아버지는 케냐 출신 흑인이고 부모는 오바마가 어렸을 때 이혼했다. 그는 하와이에서 태어났고 어린 시절을 인도네시아에서 보냈다. 여러 면에서 오바마는 미국의 대표 지도자가 될 출신 성분이 아니었다. 선거 초기에는 오바마 역시 이전에 대통령 후보로 나온 다른 흑인 지도자들처럼 잠시 언론의 주목을 받는 흑인 지도자 중 한 명으로 치부되었다. 오히려 인지도 면에서는 이전의 잭슨Jesse Jackson 목사보다

떨어진다는 평가도 있었다. 결국 오바마 역시 일시적 유행이 될 것이라는 평가 절하성 발언이 난무했다. 부시George W. Bush 대통령의 실정으로 공화당이 다시 정권을 잡기 힘들 것이라는 관측은 있었지만 오바마가 민주당 대통령 후보가 되고 미국의 제44대 대통령이 될 것이라는 생각은 희망 속에서나 가능했다.

그러나 오바마는 선거 유세 기간 내내 많은 사람에게 희망과 감동을 주면서 미국의 역사를 새로 시작했다.

"오바마 연설장은 록스타 공연장을 연상시킨다"는 것이 미국 언론의 보도다. 지난 달 28일 샌디에이고에서 열린 민주당 연례 당원대회를 로이터 통신은 이렇게 묘사 했다. "당원들은 힐러리에게 따뜻했다warm for Hillary. 그러나 오바마에게는 열광 했다wild for Obama." 이런 '오바마 현상Obama Phenomenon'에 대해 ≪크리스천 사이언스 모니터≫는 "개인의 매력과 대중의 열망이 결합한 결과"라고 분석한다. 오바마가 내세우는 건 '변화와 단결 그리고 희망'이다. 그는 자신을 '워싱턴의 국외 자outsider'라고 부른다. 워싱턴의 고질병인 당파성과 네거티브 정치의 청산을 외친 다. 자신의 성장과 성공을 소개하며 희망을 말한다. 기성정치에 물들지 않은 신선 함, 그것을 그대로 전하는 메시지가 정치에 식상한 대중을 끌어들인다(이상일, 2007).

패권국가로서 미국에 대해서는 비판적 시각이 유효하고, 또 지속적으로 견지 할 필요가 있지만 흑인을 최고 지도자로서 선출할 수 있는 미국의 여러 요소 － 위에서 언급한 것들을 포함해서 － 에 대해서는 열린 마음으로 포용하는 자세가 필요하다. 미국인들은 오바마를 통해 자신의 모습을 본다. 오바마는 미국의 유수한 정치적 귀족 가문을 대표하는 것도, 동부의 군산복합체를 상징하는 것도 아니다. 오바마는 그저 오바마다. 선거를 통하여 그 무엇이라도 될 수 있는 미국 시민이다. 사람들은 선거를 통해 그를 선출했고 그는 축제의 주인공이 되었다. 이제 누구라도 축제의 주인공이 될 가능성이 높아졌고 희망을 갖게 되었다. 선거는 축제가 되었다. 가능성의 공간이 되었다. 선출된 지도자가 이제 우리를 위해 축제를 열어준다. 선거의 규칙이 공평하고 내가 뽑는 지도자가 나를 위해 일할 것이 분명하다고 믿는다면 선거 그 자체가 축제의 장이고 즐거운 이벤트라 할 수 있지 않을까? 선거가 축제가 될 수 있지 않을까?

일상 속에서 축제의 모습

웃음 축제의 동사 원형

　　'축제祝祭'라는 한자어는 우리에게 이중적인 어감으로 다가
온다. 이 단어를 발성했을 때 우리는 가벼운 놀이판과 엄숙한 제례 의식을
동시에 연상하게 된다. 표준국어대사전에 의하면 축제는 축하와 제사를 통틀어
이르는 말이다. 한자 사전을 보면 '축祝'은 '빌다, 축하하다, 하례賀禮하다'를
나타내고 '제祭'는 '제사, 제사 지내다, 보답하다'라는 의미다. 즉, 축하와 제사가
하나가 되어 축제라는 단어가 생긴 것이다. 이렇게 어원적으로만 분석해본다면
다소 수긍하기 어려운 측면이 있다. 현재 도처에서 벌어지는 수많은 축제에는
'축'만 있고 '제'는 보이지 않기 때문이다. 제사적인 요소 — 엄숙하고 경건한 요소
— 를 찾아보기 힘들다. 오늘날 축제는 제의적 측면보다 시골 장터의 분위기가
더 강하다.

　　여기에서 문제를 하나 제기해보자. 축제의 의미가 변한 것일까? 아니면 '제'
에 대한 해석이 잘못된 것일까? 언어로 표현되는 어떤 현상이나 사물이 시대를
거치면서 변화·굴절되고 동시대 사람들에게 일정한 동의를 획득해가는 과정은
단순하지가 않아서 가끔은 비판적으로 고찰해볼 필요가 있다.

　　고대부터 존재해왔던 제의적 행위는 형식과는 거리가 멀었다. 인간의 노동이
자연에 순응하면서 생존에 필요한 영양분을 획득하는 과정은 형식이 아니라

하나의 자연스러운 과정이었다. 또한 그 노동이 끝난 후에 이루어지는 먹고 마시는 공동체적 행위 역시 형식이 아니라 부드러운 흐름 속에서 이루어지는 과정이었다. 이런 과정 속에는 축하와 제사가 따로 분리되어 존재하지 않았다. 인간도 자연의 한 부분이고 결국 죽음 후에 자연으로 회귀한다는 생각이 보편적인 사고방식이었다.

죽음에 대한 두려움이 삶과 분리되어 따로 존재한 것이 아니었다. 죽음에 대한 공포는 문명과 더불어 발생한 것이다. 고대인에게 죽음은 절대적 단절이 아니었다. 사람은 죽으면 마을을 지키는 토템이나 수호신이 되었다. 죽음은 또 다른 존재가 되는 하나의 과정이었다. 이런 순환론적인 사고방식과 죽음에 대한 공포 사이에는 일정 정도 거리가 있다. 인간의 종교는 죽음에 대한 공포에서 시작된다. 인간의 허약함과 신의 절대성이 대비될 때 종교가 시작되고 제의가 형식이 된다. 종교가 형성되기 전에 사람들은 삶과 죽음의 경계를 몰랐고 형식과 내용이 따로 분리되지 않았다. 단지 함께 먹고 마시면서 즐기는 행위만 존재했다.

이런 '먹고 마시고 즐기는 공동체적 행위'가 어느 순간 세련되고 분화되어 전문적으로 주도하는 세력이 등장하면서부터 형식성을 갖추었다. 시스템화된 사회가 형성되고 전문가 집단이 제의를 주도하면서 제의의 본래 의미는 일정 정도 훼손될 수밖에 없고 형식과 타협을 강요당한다. 물론 이런 훼손과 강요는 일정 정도 불가피한 측면도 있다. 사회가 고도화되면서 사람들의 다양한 욕구와 그 욕구의 분출 방식을 해결할 수 있는 완벽한 방안은 존재할 수 없기 때문이다. 그러나 전문적 사제 집단이 출현하고 이들에 의해 제의의 형식화가 이루어지면 축제가 형해화되고 축제의 본래 모습이 사라진다. 즉, 제의의 본래 모습인 축제가 제도화·형식화되면서 일정 정도 현실과 타협하고 그 타협 과정 속에서 얻는 것과 잃는 것이 생겨난다. 제의가 축제의 유쾌함을 상실하고 형식의 굴레 속으로 안주하게 되는 것이다.

　축제가 전문화된 계급에 의해 추동되면서 축제에는 일종의 비장감이 감돌고 제의가 분리되기 시작한다. 사제 계급은 그들의 권위와 사회 안정을 위해서 제의와 공동체적 유희에 진지한 의미를 부여하고 이런 이데올로기를 전체 구성원에게 강요한다. 원시공동체 사회에서 부족국가를 거쳐 고대국가로 형성되는 과정이 사제 계급의 등장과 부상, 권력 행사와 관련이 있는 것은 이 때문이다.

　그러나 사제에 의해 축제가 시끌벅적대는 난장판에서 벗어나 형식을 갖추면서 생긴 비장감은 그것 자체가 하나의 카타르시스로 순기능을 수반한다. 즉, 축제의 분화가 이루어지고 계급에 따라 축제를 즐기는 방식이 다양해지기 시작한 것이다. 이제 귀족 계급에게는 그들만의 놀이가 필요하고, 이 놀이는 하층민과 분리된 장소에서 하층민과는 다른 방식으로 진행되어야 한다. 세련된 형식이 필요해진 것이다. 귀족들은 학습과 교양을 통해 제의에 참여하고 이로써 계급적 연대의식을 향유하기 시작한다. 잘 갖추어진 형식을 통해 얻는 카타르시스적 미학은 상류 귀족 계급에게는 적당한 여흥 수단이 되고 그런 의식에 참여하기 힘든 하층 계급은 그 나름의 집단적 놀이를 통해 노동의 고단함과 계급화된 사회 속에서 오는 긴장을 해소했다.

　이런 계급적 축제를 향유하는 방식에서 가장 극명하게 드러나는 차이점이 바로 '웃음'에 대한 대응 방식이다. 축제를 표현하는 동사군이 있다면 단연코 '먹고 마시고 떠든다'라고 할 수 있다. '먹고 마시다(먹다 + 마시다)'라는 동사는 결국 하나의 행위다. 두 행위 모두 음식물을 섭취함으로써 생명체로서 계속성을 유지할 수 있는 범주에 속하기 때문에 하나의 동사라고 본다면 '떠든다'라는 동사는 집단적 행위의 속성을 표현하는 데 적절한 단어라고 할 수 있다. 떠들썩한 분위기, 떠들썩한 먹자판 등 떠들며 나누는 일련의 행위가 축제의 중요한 동적 구성을 이루고 이런 분위기의 주요 키워드가 바로 웃음이다.

축제에서 제의가 분리되고 형식화되면서 제의에서는 더 이상 웃음소리가 들리지 않게 된다. 웃음은 경박한 것이고 아랫것들에게나 어울리는 감정 표현이다. 귀족들은 학습을 통해 웃음을 자제하는 교양을 배운다. 그들에게 훌륭한 성품의 기준은 감정 표현을 극도로 자제하는 것이다. 이제 웃음은 천박해지고 축제는 귀족을 떠나 저잣거리로 나선다. 웃고 즐기면서 떠들썩하게 놀던 축제의 놀이판은 이제 교양과는 거리가 멀어지고 축제는 노동하는 대중의 일상 속으로 들어와서 생명력을 유지한다.

웃음은 시끄러워야 한다. 떠들썩해야 한다. '떠들다'라는 동사는 정숙에 대비하여 쓰는 단어가 아니라 한자어 박장대소拍掌大笑에 가까운 표현이다. 공동체에 있는 다른 구성원에 대한 적극적 이해와 그 이해에 대한 즐거움의 표현이 바로 웃음이다. 그 웃음이 모여 메아리칠 때의 분위기를 떠들썩하다고 묘사할 수 있다. 축제의 가장 원초적인 풍경은 이렇게 웃음이 가득한 떠들썩한 분위기 그 자체라고 할 수 있다.

1. 움베르토 에코의 『장미의 이름』 또는 아리스토텔레스의 『시학』

움베르토 에코의 『장미의 이름』은 아리스토텔레스Aristoteles의 『시학』 2권이 은밀하게 전해 내려온다는 가정을 기본 플롯으로 삼아 이야기를 전개한다. 소설의 시대적 배경은 암흑의 시대The dark age라고 부르는 유럽의 중세다. 중세를 암흑의 시대라고 명명한 것은 근대인들로, 그들의 관점에서 중세는 인간 이성이 종교에 의해 억압당한 시기다. 중세는 모든 것이 신의 뜻에 의해서, 그리고 신의 뜻을 대변하는 사제에 의해서 집행된 사회다. 인간의 자율적 판단보다는 사제의 말씀이 더 중요한 사회였다. 근대인에게 중세는 하나님을 빙자한 사제와 귀족 중심의 완고한 신분사회이고 철저한 계급사회이기 때문에 암울할 수밖에 없었다. 소설은 이런 암울한 시대를 시대적 배경으로, 수도원을 공간적 배경으로 설정한다. 중세 수도원의 이미지는 폐쇄된 성소다. 그곳은 아무나 접근할 수 있는 곳이 아니다. 금지된 지역이고 수도사와 허락받은 특정 인물만이 들어갈 수 있는 장소다. 모든 것이 자급자족으로 이루어지며 외부와의 모든 커뮤니케이션이 단절된 장소다. 하늘로부터 절대 전능의 유일신, 야훼 하나님의 계시만 내려오는 장소다. 하늘의 계시를 받은 수도사들이 금욕과 고행을 통해 영적 체험을 하는 신비로운 곳이고 그 수도사들이 지켜야 하는 오랜 전승이 비밀스럽게 보존되어 있는 장소다.

소설은 이탈리아 북부 베네딕트 수도원의 채식 수사 아델모의 시신이 발견되는 것으로 시작된다. 이후 연쇄살인 사건이 일어나면서 수도원은 큰 혼란에 빠진다. 무엇인가를 발견한 사람과 그것을 결코 외부에 유출시키지 않으려는 세력 사이의 보이지 않는 암투가 계속되면서 소설은 파국을 향해 치닫는다. 결코 외부에 유출되어서는 안 되는 그 무엇이 바로 아리스토텔레스의 『시학』 2권이다. 물론 아리스토텔레스의 『시학』 2권은 존재하지 않는다. 단지 소설의 내러티브를 위해서 작가가 만든 상상의 산물이다. 움베르토 에코는 아리스토텔레스의 『시학』이 역사적으로 미친 위대한 공헌을 인정하면서도 희극에 대해 평가절하한 사실에는 불만이 많았다.

희극은 위에서 말한 바와 같이, 보통 이하의 악인의 모방이다. 그러나 이때 보통 이하의 악인이라 함은 모든 종류의 악과 관련해서 그런 것이 아니라, 어떤 특정한 종류, 즉 우스꽝스러운 것과 관련해서 그런 것인데, 우스꽝스러운 것은 추악의 일종이다. 우스꽝스러운 것은 남에게 고통이나 해를 끼치지 않는 일종의 실수 또는 기형이다. 비근한 예를 들면 우스꽝스러운 가면은 추악하고 비뚤어졌지만 고통을 주지는 않는다(아리스토텔레스, 1999: 43).

희극은 우스꽝스러운 것이고 우스꽝스러운 것은 추악의 일종이라는 아리스토텔레스의 시학 이론에 모든 것을 전가시킬 수는 없지만 그리스 이후 중세까지, 그리고 현재에도 상당한 지배력을 행사하고 있는 비극의 우월성은 일정 정도 아리스토텔레스의 『시학』의 영향에서 비롯되었다고 볼 수 있다. 움베르토 에코는 이 점이 불만이었다. 아리스토텔레스 같은 천재가 그렇게 편파적 발상을 했다는 것이 못내 아쉬웠던 그는 『장미의 이름』에서 아리스토텔레스가 『시학』 2권을 썼고 그 책이 가져올 파장이 두려웠던 중세의 성직자들이 『시학』 2권을 수도원에 은밀하게 보존할 수밖에 없었다고 서술한다.

움베르토 에코가 말하는 아리스토텔레스의 『시학』 2권은 희극론이며 희극을 찬양하고 그 중요성을 강조하는 것이 주 내용이다. 『시학』이 비극론이라면 『시학』 2권은 희극론이 되어야 균형이 맞다고 생각한 것이다. 극劇, Drama이 기본적으로 인간 삶의 여러 모습을 표현한 것이라고 할 때 그 중에 비극만 있어서는 안 되고 당연히 희극도 있어야 한다는 발상은 지극히 자연스럽지만 중세에 이런 발상은 보편성을 획득하기가 쉽지 않았다. 희극을 뜻하는 영어 단어 'comedy'의 어원은 그리스 신화에 나오는 'comustode'에서 유래되었고 이는 '축제의 노래'라는 뜻이다. 즉, 술 마시고 춤추며 노래 부른다는 축제 분위기가 용해되어 있는 표현이다. 그러나 중세는 축제의 시대가 아니고 암흑의 시대였다. 웃음 대신에 참회의 눈물이, 노래 대신에 회개의 기도가 필요했다.

우리 시대의 보편적 인문주의자 움베르토 에코가 『장미의 이름』에서 하고 싶었던 이야기는 웃음의 복원이야말로 진정한 르네상스 정신의 복원이고 중세 스콜라 철학의 암울한 속죄의식에서 벗어나 인간이 자립할 수 있는 첫 번째 조건이자 단계라는 것이다. 원초적 죄의식에 사로잡혀서 늘 죄인으로만 남아 있는 인간, 오직 회개와 참회만이 바른 인간의 길이라는 것을 끊임없이 환기시키는 교회 사제, 인간을 타락시킨 악마만이 소리내어 웃을 뿐이라는 관념, 이렇듯 중세를 지탱하는 요소들은 암울했다. 이런 중세를 벗어날 수 있는 길은 오직 하나, '마음껏 웃는 것'이고 그 웃음 속에서 인간은 구원받을 수 있다고 움베르토 에코는 주장한다. 신은 결코 웃지 않는다. 인간의 웃음은 신의 세계로부터 일탈하는 것이며 악마의 경계로 들어서는 것을 의미한다고 알고 있는 수도사들에게 아리스토텔레스의 『시학』 2권은 불경 그 자체이고 목숨을 바쳐서라도 세상에 내놓지 말아야 할 저주였다. 소설 속에서는 사제들의 죽음이 이어지고 나중에는 수도원 도서관에 화재가 발생하여 『시학』 2권이 영원히 사라진다는 결말로 이야기가 마무리된다. 웃음의 부활, 희극의 복원, 모든 우스꽝스러운 것의 제자리 찾기는 인간이 신의 굴레에서, 의식과 계급의 차별에서 벗어나 하나가 되기 위한 기본 조건이다. 웃음이 제약받지 않을 때, 박장대소할 때 비로소 인간은 인간 사회의 공동체 구성원임을 체득하게 된다. 웃음은 천박한 아랫것들의 실없는 농담이나 일종의 실수가 아니라 포유류 중 인간만이 누릴 수 있는 행복이며 자유를 누릴 능력이 있는 존재만이 향유할 수 있는 기분 좋은 삶의 기쁨이다.

2. 웃음, 축제가 없는 시대의 축제

차르 제국(러시아)의 한 배교자(변절한 유대인)가 총독 앞에서 다른 유대인들을 비방하면서 "세상의 모든 사악함과 무도한 폭정이 연기처럼 사라지게 해주세요" 하는 유대인들의 기도는 원래 유대인이 아닌 사람들을 겨냥한 것이라고 주장했다. 그러자 총독은 랍비를 불러 호통을 쳤다. "이제 너의 시너고그에서 이런 기도를 하는 것을 금지한다.”

랍비가 말했다. “제 생각에는 저희의 기도는 뭘 없애버릴 필요가 전혀 없습니다. 저희는 조용히 예전에 하던 대로 모든 것을 하고 있으니까요.”

화가 난 총독이 말했다. “너희들은 우리가 망하기를 기도한다. 그런데 우리더러 그대로 받아들이란 말이냐?”

랍비가 말했다. “총독 각하! 저희는 이 기도를 이미 수백 년 전부터 하고 있습니다. 그런데 뭐가 달라졌던가요?”(벤게르숌, 2005: 71)

익히 잘 알고 있듯 유대인은 2,000년이라는 긴 세월 동안 자국의 영토 없이 전 세계의 유랑민으로 떠돌아다니면서 끊임없이 박해를 받아온 민족이다. 히틀러 치하의 독일에서뿐만 아니라 16세기 스페인에서도 많은 유대인이 종교상의 이유로 학살을 당했고 십자군 전쟁 당시에도 유대인이라는 이유로, 또 종교개혁의 외중에도 많이 희생당했다. 유대인의 역사는 박해와 유랑으로 점철되어 있다. 세계사의 유례가 없는 독특한 민족이다.

유대 사회에는 유대교 특유의 유일신이라는 종교 관념과 선민의식이 존재했다. 이것이 유대 민족과 타 민족의 융화를 어렵게 했고 유대인들은 자민족 고유의 문화와 역사, 언어를 지켜오면서 수많은 박해를 받아왔다. 그러면서도 2,000년 이후 다시 국가를 건설하고 하나의 깃발 아래 모였다는 것은 정말 경탄할 만한 일이다. 세계 최고의 제국을 건설했던 원나라의 몽고족과 청나라를 건설했던 만주족, 옛 이집트를 건설했던 고대 이집트 종족, 남아메리카의 찬란한 잉카 문명을 건설했던 케추아족 등 이전에 영화를 누렸던 많은 민족이 대부분 사실상 소멸되었고 존재하더라도 자국 문화의 순수성을 유지하지 못하고 주변 지배 문화에 종속된 것을 볼 때 유대 민족의 연속성은 찬탄할 만하다.

그리고 유대 민족의 유구한 연속성이 가능했던 이유 중 하나가 그들의 문화 속에 오랫동안 지켜 내려온 유대인의 유머Jewish Humor였다는 사실 또한 감탄할 만하다. 앞에서 예를 든 것처럼 유대인은 어느 순간에도 유머를 잃지 않았다. 유대인은 거의 모든 삶의 역경 속에서도, 가장 암울한 상황 속에서도 희극적인 것을 찾아냄으로써 자신을 사랑하고 스스로에게 희망을 부여하는 긍정적인 모습을 포기하지 않았다. 웃음은 짧은 순간에 지나치는 덧없는 감정 표현이 아니라 어느 순간에도 포기할 수 없는 강렬한 삶에 대한 긍정으로부터 나온다.

선민의식으로 무장한 유대인은 어떤 순간에도 자긍심을 잃지 않았지만 현실의 삶은 늘 긴장의 연속일 수밖에 없었다. 유대인의 유머는 이런 삶 속에서 그 긴장을 풀어주고 다시 선민의식을 강화시켜 다가올 시련을 준비하게 만들었다. 유대인의 유머는 환경의 좋고 나쁨과 상관없이 삶을 살아가는 방법을 알려주었다. 아니, 오히려 삶이 거칠고 황량할수록 더욱 빛을 발했다. 유머를 구사할 줄 아는 사람은 비천한 삶에도 잘 대처할 수 있다. 유머는 결국 억압된 삶의 현실 속에서 우리가 더 이상 축제의 판을 벌이지 못하고 그저 생존하는 것만이 유일한 희망인 시절에 축제의 역할을 대신한다. 축제가 없을 때도 우리가 살아갈 수 있는 것은 웃음이 있기 때문이다.

유대인의 이런 유머 감각을 잘 표현한 영화가 로베르토 베니니Roberto Benigni의 〈인생은 아름다워〉다. 나치의 유대인 말살 정책에 따라 유대인 주인공 귀도는 끔찍한 아우슈비츠 수용소로 끌려간다. 그러나 귀도는 최악의 상황에서도 오히려 유머러스하게 대처하면서 아내와 아들에게 마지막까지 희망을 보여준다. 아빠의 환한 미소와 유머 감각은 아들에게 희망의 징표였고 아름다운 인생의 가능성이었다. 미래를 상상하기 힘든 순간에 유머를 통해 역경을 극복하는 것이 유대인의 힘이다. 신이 언젠가 다시 그들을 구원할 것이라는 강한 믿음이 그들에게 웃음과 유머를 주었고 그들은 웃음과 유머를 통해 모든 고난의 역사를 버텨온 것이다.

3. 하나의 웃음, 하나의 축제를 위해서

성리학이 지배 이데올로기로서 사회 전반에 강력한 영향을 미친 조선시대에 사대부가 웃는다는 것은 체통이 손상되는 일이었다. 근엄하고 진지한 태도는 군자가 지켜야 할 기본이었다. 조선시대처럼 웃는 것이 힘든 시대는 살아 있는 시대가 아니다. 다양한 문화가 발달하기 힘들고, 특히 민중문화가 활성화되기 힘들다. 사람들은 분출구가 없으면 폭발하거나 좌절하기 마련이다. 고려시대부터 내려온 모든 축제는 비성리학적인 것이라 폐지되었고 민간 속에서 내려오던 재래의 풍습도 많은 부분 금지되거나 축소되었다. 웃는 것이 힘들어진 것이다.

우리 속에 남아 있는 웃음에 대한 편견, 구체적으로 코미디언이나 코미디 프로에 대한 상대적 편견 등은 조선시대로부터 이어져온 사회 분위기와 무관하지 않다. 광대라는 단어 속에 내재되어 있는 불평등하고 차별적인 어감은 아직도 일정 정도 우리의 마음을 무겁게 하고 있다. 다행히도 이제 사회 민주화 정도에 따라, 또 코미디 프로의 질적 향상과 코미디언들의 수준 향상으로 마음 편히 웃을 수 있는 기회가 많아서 유쾌하다.

그러나 아직도 웃음에 대한 차별은 도처에 존재한다. 프로그램 심의 등을 통해 '천박'하거나 '수준 낮은' 영상물에 대한 규제가 계속 이루어지고 있다. 또 사회적으로 긴장 분위기를 조성하는 특정 사안이 발생하면 맨 먼저 예능 프로그램의 송출이 중단된다. 사회적 이슈를 비판하는 내용이 나오면 진행자가 교체되기도 하고 교양 있는 언어를 사용하지 않으면 규제를 받기도 한다. 웃음을 유발하기 위하여 과도한 설정을 할 경우 특정 프로그램에 어느 정도의 규제가 필요하다는 것에는 동의하지만 문제는 이런 판단이 정부에 의해 집행된다는 것이다. 프로그램을 자의적 판단으로 규제하면 결국 웃음을 통제하는 결과를 낳는다. 규제가 많은 사회에서는 웃을 일이 별로 없다. 웃음이 없는 사회에서는 반목과 투쟁이 해결책이 된다. 정치가들 사이에서, 노사 관계에서, 대인 관계에서 유머와 웃음이 있는 사회가 성숙한 사회다. 웃음 자체가 암울한 사회의 종합적인 해결책이다.

사람에게 웃음을 주는 것은 쉬운 일이 아니다. 웃음은 일단 커뮤니케이션을 전제로 했을 때 그 의미가 전달된다. 상대방에 대한 배려가 있어야 하는 것이다. 상대방에 대한 배려가 없으면 그것은 웃음이 아니라 폭력이다. 웃음을 주기 위해서는 일단 상대방을 이해해야 한다. 그것은 이성적 판단에 기초한 이해가 아니라 감성적·영적 동질감을 통해 얻을 수 있는 상대방에 대한 이해심이다. 상대방과 하나가 되어야 웃음이 시작된다. 이를 위해 코미디언들은 스스로를 낮춘다. 분장을 해서 광대가 되고 어눌한 말투로 상대방의 긴장을 풀어버린다. 이것이 "내가 당신과 통하고 싶소"라는 메시지의 시작이다. 웃음은 이렇게 낮아짐에서 시작한다. 그러나 우리 역시 웃음에 대해 좀 더 열린 자세를 취해야 한다. 코미디언들이 며칠간 고생해서 만든 코미디를 무대에 올려도 보는 사람의 마음이 닫혀 있다면, 그 코미디언과 커뮤니케이션하기 싫다고 주장한다면 무슨 소용이 있을까?

상대의 낮아짐을 받아들이고 나 또한 같이 낮아져야 한다. 이리하여 서로가 서로를 섬겨야 한다. 이것이 웃음이고 웃음의 본질이다. 웃음이 일상화되고 유머 감각이 있는 사람이 인기를 누리는 사회가 정상적인 사회다.

웃음과 축제의 주체는 우리 모두다. 주최자가 되든 참가자가 되든 그것은 그리 중요하지 않다. 결국 모두를 위해서 벌이는 놀이판이 아닌가! 그 판을 위해서 준비한 사람에게 박수를 쳐주고 기꺼이 동참하고 하나가 되어 웃는 것이 웃음의 축제를 즐기기 위해 우리가 갖추어야 할 아주 기본적인 예의다.

코뮤니즘 좌절된, 영원한 축제

　　　도시와 농촌 중 어느 쪽이 축제의 이미지와 더 친근할까? 물론 답은 농촌이고 이 물음에 틀린 답을 내놓을 사람은 없을 것이다. 그럼 두 번째 질문. 사람들은 농촌에서뿐만 아니라 도시에서도 산다. 아니, 오히려 도시에서 더 많이 산다. 사람들이 더 많이 살고 더 많이 모일 수 있는 도시에서 훨씬 신나는 축제가 가능하지 않을까? 답은 그렇지 않다는 것이다. 사람이 많이 모이면 좀 더 신나는 축제가 될 가능성은 많다. 문화체육관광부가 우수 축제를 선발하는 기준 중 하나는 축제에 참가하는 인원 수다. 사람이 많이 모이면 그 자체로도 축제가 될 수 있다. 즉, 많이 모이는 것이 축제의 전부는 아니더라도 축제의 핵심 요소 중 하나라고 말할 수 있다. 그러면 다시 대답해보자. 왜 사람이 많이 모인 도시보다 그렇지 않은 농촌에서 축제의 냄새가 더 날까? 얼핏 생각하면 답이 분명해 보이는 이 질문 속에는 축제의 본질에 관한 중요한 요소가 들어 있다.

　도시에서는 생산과 소비가 파편화되어 있다. 소득은 개별적 노동에 의해 획득되고 소비 역시 개별적 구매 행위로 귀결된다. 혼자 벌어서 혼자 쓰는 것이다. 소득을 얻기 위해서는 늘 개인의 노동력이 제공되어야 한다. 개인이 노동력을 제공할 수 없을 때 더 이상 소득은 불가능하다. 어떻게 해서든 개인이 기본 단위가 되어 노동력을 제공해야 한다. 그 노동력으로 얻은 소득은 온전히 자신만의 것이다. 소비의 배타적 독점권이 허용되고 자기만을 위하여 편하게 쓴다. 이는 당연한 일이다. 내가 일해야만 먹고살 수 있고 내가 일해서 번 돈이니 나를 위해서 내 마음대로 쓰는 것이다. 결국 도시에서 생산과 소비의 주체는 개인이고 개인만이 모든 사회적 행위의 기본 단위가 된다.

근대 자본주의의 성립과 도시의 발전이 병행하여 이루어진 것은 생산과 소비의 주체가 공동체에서 개인으로 전환되는 과정과 밀접한 관계가 있다. 농촌 공동체 사회에서 유리된 개인은 도시에 나가 개별 노동자로 전락하면서 생산과 소비의 독자적 주체가 되어야만 했다. 농촌 공동체 사회에서는 생산과 소비 모두 공동의 영역이었기 때문에 '내가 벌어서 내 마음대로 쓰는 것이 당연한 일'이라는 발상 자체가 가능하지 않았다. 생산을 하든 소비를 하든 타인에 대한 이해와 배려가 전제되었던 것이다. 남과 더불어 일하고 이웃과 함께 소비하는 마음이 농촌 공동체의 오랜 관습이었다.

도시와 농촌을 비교하는 우리의 마음속에는 원초적으로 공동체에 대한 오랜 기억이 자리하고 있다. 인류의 오랜 삶의 형태를 더듬어보면 도시 생활은 최근에 생긴 현대적 산물이다. 하지만 집단적 기억은 쉽게 사라지지 않는다. 공동체에 대한 집단적 기억은 도시 생활의 삭막함을 잊고 축제를 즐기고 싶은 강한 추동력을 이끌어낸다. 축제의 시작은 공동체다. 생산과 소비의 공동체가 축제의 주체다.

1. 공동체 혹은 코뮤니즘에 관하여

코뮤니즘communism은 통상 '공산주의'라는 단어로 번역하지만 어원을 고려하면 적절하다고 보기 힘들다. '공산共産'의 '산産'은 생산을 의미하는데 이는 근대 노동계급이 생산물로부터 소외당하는 노동 현실에 대한 저항의 의미를 내포한다. 토지로부터 추방당한 대중은 생산수단을 소유한 자본가 계급에게 노동력을 담보로 임금을 받아 생활할 수밖에 없었기 때문에 불평등한 계약을 감수했다. 그래서 노동의 결과물인 생산성에 관계없이 늘 최저 생활만 가능했다. '공산'은 이런 현실에 대한 거부의 의사를 내포한다. '산'이 주인이 되어야 한다는, 또는 적어도 '산'도 함께 주인이 되어야 한다는 의지를 반영하는 것이다.

공산주의의 '공산'이 부르주아지에 대한 생산계급의 투쟁성을 끊임없이 환기시키는 효과가 있어 보이지만 코뮤니즘의 어원인 코무네 commune 의 본원적 함의를 고려하면 '공산'은 코뮤니즘의 일부분만을 나타낼 뿐이다.

유럽적 개념어인 '코뮤니즘'이 내용 있는 실체로서 아시아에 유입된 시기는 대략 19세기 이후다. 당시 아시아에서는 근대 자본주의에 기반을 둔 서구 제국주의의 폭력성에 대한 아시아 민중의 해방운동이 치열하게 전개되는 시점이었기 때문에 혁명의 이데올로기가 필요했고 코뮤니즘은 복음과도 같이 적절하게 활용되었다. 프랑스 대혁명과 러시아 2월 혁명을 통해 그 성능이 입증된 코뮤니즘은 당연히 아시아 민중의 해방 철학이 되었고 신앙이 되었다. 이 시점에서 '코뮤니즘'은 공산주의로 번역되면서 계급적 이해관계를 분명하게 드러냈다. 즉, 한자를 사용하는 문화권인 아시아에서 '코뮤니즘'은 공산주의로 이해되었고 '코뮤니즘'의 여러 공동체주의 성격 중 당대에 절실했던 계급혁명의 이데올로기로서만 차용되었던 것이다. 이것이 '코뮤니즘'이라는 단어가 현재까지도 위험하고 불온한 것으로 여겨지는 이유다. 그런데 코뮤니즘의 어원인 코무네에 대한 사전적 의미는 다음과 같다.

'코무네'는 다른 사람과의 나눔, 사귐을 뜻하는 라틴어로서 공동체의 재산이 구성원 모두에게 속하는 사회제도를 일컬었다. 재산의 사유가 빚어내는 도덕성의 흠결欠缺을 간과하고 공유재산제를 바탕으로 좀 더 합리적이고 정의로운 사회공동체를 일구려는 소박한 공산주의의 이상은 인간이 정치적·사회적 사색을 시작한 때부터 싹튼 것으로 볼 수 있다(한국 브리태니커 온라인에서 '공산주의' 항목).

코뮤니즘의 어원인 코무네의 원래 의미는 다른 사람과의 나눔, 사귐이다. 그리고 그 나눔과 사귐이 즐겁기 위해서는 소유의 공유화가 전제되어야 한다는 믿음이 있었기 때문에 자연스럽게 코무네는 '공동체 사회'라는 의미를 갖게 된다. 소통과 교제는 공동체를 구성하는 기본 요소이고 사회 공동체를 유기체 관점에서 본다면 소통과 교제는 물과 공기처럼 절대적으로 요구되는 항목이다. 원시공동체 사회 이후 농경시대부터 시작된 계급적 분화는 필연적으로 반공동체적 분위기를 조성하고 이는 원시공동체에 대한 원초적 추억과 끊임없는 갈등을 불러일으켰다. 공동체적 생활양식이 자연스럽게 진행되는 곳에서는 공동체에 대한 갈증이 없기 마련이다. 즉, 코무네는 잃어버린 원시공동체 사회, 모든 것이 공유되고 축제와 노동이 분리되지 않는 사회, 노동의 결과물이 모두에게 필요에 따라 분배되고 소비되는 사회에 대한 희망을 표현한 고대사회의 신앙이다.

2. 코뮤니즘의 두 모습

능력에 따라 일하고 일한 결과만큼 찾아가는 사회와 능력껏 일하고 필요에 의해 분배받는 사회 중 어느 쪽이 더 좋은 결과를 가져오는가에 대한 답은 사실상 없다. 둘은 늘 긴장관계를 유지하면서 서로 침투하기도 하고 갈등하기도 하면서 인류 역사의 진보를 추동해왔다. 한쪽이 사회를 강압적이고 일방적으로 지배하면 다른 쪽의 세력이 서서히 커지면서 일정 기간 균형을 맞추는 일이 역사적으로 반복되어왔다. 노동과 축제라는 관점에서 이러한 역사적 변동 과정을 해석해보면 노동은 '능력에 따라 일하고 일한 결과만큼 찾아가는 사회'와 조응하고 축제는 '능력껏 일하고 필요에 의해 분배받는 사회'와 조응한다고 볼 수 있다. 원시공동체 사회 속에서는 하나였던 노동과 축제가 초기 계급사회 이후 서서히 분리되기 시작하면서 노동의 결과물이 축제에 의해 완전히 소비되지 않고 남아 잉여 생산물의 형태로 축적되자 분배 방식을 둘러싸고 갈등이 생겼고 그 갈등의 여러 방식과 양상이 인류 역사의 주요 동인으로 작용했다. 사회의 규모가 커지고 구성 메커니즘이 세련되면서 축제보다는 노동이 더 의미 있는 행위로 인식되었고, 그 결과 축제가 서서히 소외되었다. 그러나 상술했듯 축제에 대한 본원적 추억은 그렇게 쉽게 망각되지 않는다. 사람들은 끊임없이 옛 추억을 복원시키려고 분투했고 그 기록들은 세계사 여기저기에 남아 있다.

1) 초대교회의 공동체 생활

현대 기독교의 많은 교회가 초대교회의 공동체적 생활양식을 완벽한 전형으로 삼고 모방하려 한다. 성서에 의하면 예수 그리스도가 승천한 이후 예수의 제자들과 그들을 따르던 무리가 한곳에 모여 집단생활을 하면서 예수가 보내주기로 약속한 성령을 받아 복음을 전파하고자 공동체를 구성한다.

저희가 사도의 가르침을 받아 서로 교제하며 떡을 떼며 기도하기를 전혀 힘쓰니라 사람마다 두려워하는데 사도들로 인하여 기사와 표적이 많이 나타나니 믿는 사람이 다 함께 있어 모든 물건을 서로 통용하고 또 재산과 소유를 팔아 각 사람의 필요를 따라 나눠주고 날마다 마음을 같이 하여 성전에 모이기를 힘쓰고 집에서 떡을 떼며 기쁨과 순전한 마음으로 음식을 먹고 하나님을 찬미하며 또 온 백성에게 칭송을 받으니 주께서 구원받는 사람을 날마다 더하게 하시니라(사도행전 2: 42~47).

상술한 구절을 살펴보면 코무네의 기본 속성이 모두 열거되어 있다. "서로 교제하며 (중략) 모든 물건을 서로 통용하고 또 재산과 소유를 팔아 각 사람의 필요를 따라 나눠주고"라는 구절은 우리가 상상하는 원시공동체의 모습 그대로를 완벽하게 복원한 것이라고 볼 수 있다. 기독교에서 교회의 역사적 기원을 찾을 정도로 의미가 큰 초대교회의 이러한 모습이 코무네의 속성과 일치한다는 것은 중요한 시사점을 던져준다. 종교가 궁극적으로 해야 할 것은 축제 공동체의 복원, 코무네 정신의 부활, 교제와 소통, 그리고 필요에 따른 분배가 가능한 사회를 만드는 것이다. 또한 이런 공동체 생활은 예수의 말씀을 실천하는 일이기도 하다.

예수는 여러 비유를 들어 하늘나라에 대해 설명했다. 예수가 말한 하늘나라는 결국 공동체 사회와 다르지 않다. 차별과 착취가 없는 사회다. 천국이 어느 때에 임하느냐는 바리새인들의 질문에 예수의 대답은 지극히 간단명료했다. "천국은 너희 안에 있다." 예수의 이 대답은 신학적으로 다양한 관점에서 해석할 수 있지만 축제와 연계시켜 생각해보면 분명한 결론에 이른다. 천국이 우리 밖에 있는 것이 아니라는 것이다. 천국은 이미 우리 안에 있다. 바리새인들은 율법과 격식에 치우쳐서 남을 정죄하기를 즐겼고 자부심이 강해서 이웃과 더불어 공동체 생활을 하지 않았다. 즉, 그들은 외부에서 천국을 찾았다. 그들의 천국은 율법을 완전하게 준수해 경건함을 얻은 자만이 갈 수 있는 곳이었다. 그러나 천국은 율법과는 관련이 없다. 예수는 천국을 잔치에 비유했다. 잔치에 초대받은 사람들은 '가난한 자, 병신, 소경, 저는 자'이다. 축제는 이들과 더불어 먹고 마시는 것에서부터 출발한다. 남에게 율법을 강요하는 순간 천국과 축제는 더 이상 존재하지 않는다. 천국은 내 안에 있고 축제는 이웃과 더불어 나누면서 함께 즐길 때 시작된다. 함께 나누는 공동체가 천국이고 축제의 시작이다.

그러나 바리새인들뿐만 아니라 천국에 가기 힘든 사람들이 더 있다. 예수가 언급한 여러 비유 중 '낙타가 바늘귀를 통과하는 것이 부자가 하늘나라에 들어가는 것보다 쉽다'는 말이 있다. 신학적으로는 여러 해석이 가능하겠지만 공동체의 관점에서 본다면 결국 "분배가 가능하지 않다면 그것은 공동체가 아니고 축제가 될 수 없다"는 의미와 결코 다르지 않다. 즉, 부자는 노동과 축제가 분리된 상태, 나눔과 사귐의 부재를 상징한다고 볼 수 있기 때문이다.

2) 토머스 모어의 『유토피아』

토머스 모어Thomas More는 15세기 후반과 16세기 초 영국에서 활동했던 정치가이자 저술가이며 『유토피아』의 명성 때문에 오늘날까지도 많은 사람에게 기억되고 있는 르네상스 시대의 인문주의자다. 그는 당대의 뛰어난 비판적 지식인으로 시대의 흐름을 예민하게 분석하고 대안을 제시할 수 있는 몇 안 되는 인물 중 한 사람이었다. 그가 쓴 『유토피아』는 시대를 뛰어넘어 계속 읽히는 고전의 반열에 올라 있다. 그러나 만약 우리가 그의 『유토피아』를 시대적 배경을 고려하지 않고 읽는다면 이내 실망감에 빠져들 것이다. 책 내용의 대부분이 황당하거나 진부하게 여겨질 법한 것들로 가득 차 있기 때문이다.

토머스 모어의 『유토피아』를 이해하기 위해서는 우선 이 책이 나온 당시 상황에 대해서 알아야 한다. 그가 살았던 시대적 상황을 고려한다면 그는 탁월한 문제의식의 소유자이고 『유토피아』는 그런 그의 문제의식이 잘 표현된 고전이라는 것에 동의하게 된다. 『유토피아』는 중세에서 근대로 넘어가는 시기를 배경으로 삼고 있으며 이 시기에 발생한 사회모순에 대한 통찰과 그 통찰로부터 나온 미래 세계의 설계를 담고 있다. 즉, 시대 격변기의 혼란에서 벗어나 근대 과학기술의 도움으로 만들고 싶었던 새로운 공동체에 관한 이야기다. 그의 『유토피아』는 당시 시대적으로 발흥하기 시작한 르네상스와 맥락을 함께한다. 즉, 중세 암흑시대에서 벗어나 인간이 주체가 되는 사회, 신분에 따른 위계질서와 재산에 따른 계급 구분이 없는 사회, 모든 종교가 용납되는 사회, 자연스럽게 쾌락을 추구하는 사회 등에 대한 초기 근대인의 욕망을 대변한다. 이것이 『유토피아』가 나온 당시의 시대적 환경이다.

토머스 모어는 기본적으로 르네상스 인문주의자이기는 했지만 당대의 지배적 이데올로기였던 스콜라 철학에서 이탈한 상태는 아니었기 때문에 어느 탐험가의 입을 통해 유토피아에 대한 이야기를 서술한다. 탐험기는 자신이 항해 중 경험한 어느 섬나라에 대한 구체적인 묘사인데 그 내용 하나하나가 당시 영국의 실상에 대한 통렬한 비판을 담고 있다. 그 섬나라, 즉 유토피아에서는 노동하는 시간이 하루 6시간이고 여가에는 교양을 쌓는다. 여자, 성직자, 귀족, 지주도 모두 예외 없이 노동을 한다. 금전 화폐가 없기 때문에 범죄가 없다. 사유물은 인정되지 않는다. 주민들은 각자 시장에 가서 자기가 필요한 만큼 물건을 가져다 쓰면 된다. 집들은 모두 똑같고 문에는 자물쇠가 없다. 타성에 젖지 않도록 주민들은 누구나 10년마다 이사를 하도록 되어 있다. 법률이 거의 없고 사람들 간에 자연스러운 해석을 통해 문제를 조정한다.

결국 『유토피아』에서 토머스 모어가 이야기하고 싶었던 것은 완전한 공동체 사회에 대한 염원이었다. 누구나 노동하고 누구라도 그 결과물을 소유할 수 있는 사회, 사유물이 인정되지 않고 모든 것을 공동으로 소유하는 사회에 대한 강한 희망이다. 중세가 붕괴되면서 사람들은 혼란에 빠졌고 사회는 더 탐욕스럽게 작동하기 시작했다. 화폐가 사람보다 중요해지고 시장이 돈벌이 장소로 전락했다. 오랜 공동체 사회가 무너진 것이다. 그러나 다시 옛날로 돌아가는 것이 답은 아니다. 토머스 모어는『유토피아』에서 새로운 공동체를 정교하게 그리고 있다. 새로운 시스템이 필요한 것이다. 르네상스의 지식인답게 그는 사회제도 하나하나를 합리적으로 분석하고 실천한다. 노동 시간, 화폐제도, 시장의 역할, 사유재산 등 사실상 불평등을 가능케 하는 모든 시스템에 대하여 언급한다. 토머스 모어는 자본주의가 본격적으로 전개되기 전에 이미 자본주의의 폐해를 예측했다. 그는 중세 봉건제도로 회귀하는 것도, 자본주의를 수용하는 것도 아닌 제3의 사회 시스템, 공동체 사회를 구현하고 싶어 했다. 토머스 모어는 『유토피아』를 통해 궁극적으로 불평등을 해결할 수 있는 방안은 완전한 공동체 사회이고 코뮤니즘이라고 주장했다. 그리고 소설 내용 중 탐험가의 입을 빌어 그 코뮤니즘의 고갱이가 사유재산을 폐지하는 것임을 주장한다.

바꾸어 말하면, 나는 사유재산을 전적으로 폐지하지 않는 한 귀하는 결코 공평한 재산의 분배나 인간 생활의 만족스러운 조직을 실현시킬 수는 없으리라고 확신합니다. 사유재산이 존속하는 한 인류의 대부분의 사람들, 즉 이 탁월한 사람들은 가난과 고난, 고뇌라는 짐을 지고 고생을 할 수밖에 없을 것입니다(모어, 2000: 78).

토머스 모어가 그리는 이상사회 역시 초대교회의 공동체 생활과 크게 다르지 않다. 다만 고대사회에서 근대로 넘어왔기 때문에 사회가 좀 더 복합적이고 중층화되었다는 것만 이해한다면 기본 맥락은 동일하다고 볼 수 있다. 그 기본 맥락은 축제가 일상화되는 사회를 위해서는 평등하고 공평한 분배가 전제되어야 한다는 것이다.

3) 인내천, 천심즉인심

자율적 근대화의 경험이 부재한 사회에서는 코뮤니즘이 일정 정도 종교적 색채를 띤다. 코뮤니즘은 기본적으로 계층과 계급의 차별에 대한 안티테제에서 출발한다. 모든 계층과 계급이 동일하게 노동하고 소비한다는 평등주의 사상이 그 기본이다. 그러나 인구의 대부분이 농민인 조선시대 말기의 경우 코뮤니즘의 영역은 인간 사회를 뛰어넘는다. 근대적 개인에 대한 성찰 부족이 계급의식을 약화시키고 나(우리)와 너(상대방)를 선과 악으로 치환시킨다.

동학은 평등 세상을 구현하려는 목적에서 시작되었지만 공동체에 대한 개념은 서구의 그것과는 상당히 달랐다. 근대화와 산업화의 경험 여부가 차이를 만든 것이다. 동학교도들은 왕이나 왕조체제 자체에 문제가 있다고 생각하지 않았다. 그 왕을 제대로 보필하지 못한 불량한 유림과 수탈을 일삼는 탐관오리에게 문제가 있는 것이었다. 노비, 천인, 서얼과 같은 일부 불합리한 신분제도에 문제가 있는 것이지 왕조체제 자체를 부정하는 것이 아니었다. 왕과 백성이 동일할 수 있다는 발상은 가능하지 않았다. 백성도 왕처럼 고귀하다는 생각은 상상 속에서도 억압되었다.

그러나 시대가 개화될수록 억압으로부터의 탈피 요구, 공동체 사회에 대한 갈증이 커졌고 이 갈증을 해소하려는 욕구는 사회 저변에서 중단 없이 일어났다. 이때 한울님이 인간의 자리에 내려오고 인간이 한울님의 자리에 올라 사람이 하늘이 되는 관념의 공동체가 만들어진다. 코뮤니즘이 현실세계에서 구상되는 것이 아니라 종교를 통해 이상세계에서 형성된 것이다. 종교를 통해 형성된 관념적 코뮤니즘은 각자의 내면에 한울님이 있다는 자기 확신과 후천개벽이 시작되는 시대가 오면 완전한 공동체 사회가 열린다는 믿음을 가져다주었다.

동학은 조선 말기, 문명의 전환기에 시작된 종교로서 힘이 다한 구체제가 아직은 건재한 가운데 새로운 사회가 요원한 상태에서 민중에게 희망을 주기 위해 창도되었다. 동학은 토머스 모어의 『유토피아』처럼 지난 세대는 답답하고 다가오는 시대는 불안한 상태에서 시작된 민중 해결책이다.

3. 계급투쟁을 통한 축제의 완성

코무네가 코뮤니즘이 되고 코뮤니즘이 공산주의로 번역되어 혁명의 이데올로기로 전용된 것은 분명 마르크스Karl Marx의 공헌이 크다. 당시 유럽에서 번지고 있던 심각한 계급 간 분열의 근본 원인은 사유재산제에 있기 때문에 문제의 해결 역시 사유재산제의 철폐에서 찾아야 한다고 보는 것은 마르크스에게 당연한 논리적 귀결이었다. 모든 사유재산의 철폐, 사회의 필요한 각종 물품을 공동으로 생산하고 분배하는 시스템에 대한 열망이 코무네를 이데올로기로 격상시켰고 마르크스는 공동체 구현이라는 인류의 영원한 이상을 현실 속에서 이루기 위해 지속적으로 공산주의의 도래를 선포하고 다녔다. 마르크스는 헤겔Georg W. F. Hegel의 변증법과 절대정신에서 영향을 받아 궁극적으로 어떤 이상적인 사회가 분명 도래할 것이라고 '과학적 분석'을 바탕으로 서술하고 실천했지만 결국 그의 이론 역시 당대의 산물이었고 그런 산물로 인한 한계는 분명히 존재했다. 물론 이러한 한정이 마르크스를 왜소화시키는 것은 아니다. 다만 인간의 여러 문제가 결코 하나의 방식으로는 해결될 수 없다는 지극히 당연한 상식을 말하려는 것이다.

마르크스가 살았던 시대는 전체적으로 공동체에 대한 갈망이 최고조로 도달한 시대였다. 인류는 전前 시대에는 결코 겪어보지 못했던 소유의 불균형으로 인간성 자체가 파괴되는 참담한 현실을 일상적으로 목도할 수밖에 없었고 '하늘나라에 계신 하나님은 이미 청력을 상실한 지 오래'되어 빈민 계층의 신음은 사방 도처에서 끊이지 않았다. 누구라도 혁명가가 될 수 있는 사회경제적 조건이었다. 마르크스는 그 시대 상황에서 내놓을 수 있는 공동체에 대한 세련된 기획안을 제출한 것이다. 그리고 레닌Nikolai Lenin이 차르체제의 러시아에서 그 기획안을 제대로 활용했다. 마오쩌둥毛澤東이 마르크스의 이론을 번역·활용하여 중국에서 공동체 건설을 위한 투쟁의 무기로 활용한 사실은 이미 알려진 바다.

현재를 사는 사람들에게는 전 시대에 비한다면 당연히 유리한 점이 하나 있다. 많은 기획안이 있고 그 중 몇몇은 이미 활용되어 참고문헌으로 기능한다는 사실이다. 마르크스의 이론은 분명 당대에는 탁월한 아이디어의 집합이었을 것이다. 그러나 인간은 마르크스의 이론에 머물기에는 너무 복잡하고 다면적인 존재다. 인간은 지속적으로 공동체를 염원하지만 다른 한편으로는 노동의 산물에 대한 무제한적인 욕망에 차 있다. 인간의 이성과 영성은 때로는 조화롭게 한 쌍을 이루어 이상사회를 위한 투쟁의 선도에 서기도 하지만 다른 한편으로는 고독한 내면과의 대화, 시대와의 불화를 통해 뛰어난 예술작품을 남기기도 한다. 항상 축제가 벌어지고 모두가 즐거워하는 공동체의 기준은 결코 하나가 아니다. 그것은 인간 자체가 늘 부족하여 결코 어떤 진리에 도달하기 힘든 것과 마찬가지다. 모든 것은 가변적이며 단지 우리의 이성과 영성으로 할 수 있는 최고치에 대해 노력하는 과정만이 존재할 뿐이다.

완전한 공동체도 없고 완벽한 축제도 없다. 지금 여기에서 벌어지고 있는 축제를 즐기는 것이 축제의 완성이고 희열이다. 지금 우리가 살고 있는 공동체에 대한 인류애적 사랑이 완전한 공동체로 가는 길이며 과정이다.

죽음 축제의 완성

인간의 모든 행위는 외면적으로 단순한 형태를 보이더라도 그 내면은 복합적이어서 어느 한 분과의 지식만으로 그 근원을 이해한다는 것은 사실상 불가능하다. 개인적이면서도 사회적인 존재이고 물질적 질료를 외피로 갖고 있지만 내면에는 영성이 존재하는 인간은 모든 질문의 시작이고 모든 물음에 대한 최종 대답 그 자체다. 신학과 문학, 역사, 철학 등의 인문학과 사회학, 경제학 등 사회과학이 때로는 서로 길항하고 때로는 서로 보완하면서 풀어내려는 것은 결국 인간에 대한 존재론적·환경론적 이해다.

육신이라는 물질적 한계가 있지만 그 한계를 초극하려는 영성이 그 안에 내재해 있고 어느 특정 시대와 결부된 시공간에 의해 구속되지만 그 한계를 뛰어넘으려는 노력과 지혜로 말미암아 늘 한계 저 너머에 있다고 상정되는 것이 또한 인간이다. 인간의 이 한계성과 초월성은 늘 긴장관계를 유지하면서도 육신과 영성의 조화를 이끌어내어 삶의 건강성을 유지시켜 준다.

인간은 일정한 영양분을 지속적으로 공급받지 못하면 생존할 수 없는 존재다. 이런 인간이 생존에 필요한 물질을 획득하기 위한 노동의 과정을 결코 노역이나 투쟁으로만 인식하지 않고 하나의 놀이로 자리매김하게 만들 수 있었던 것은 인간의 영성 때문이었다. 노동이 놀이로 이해되고 놀이가 휴식으로 연결되어 다시 노동을 위한 집단적 축제의 마당으로 연결되는 과정은 인간이 자신의 유한성의 경계를 벗어나기 위해 벌이는 집단적 엑스터시의 흐름을 보여준다. 그리고 이 흐름의 한가운데서 인간 모두에게 집요하게 던져지는 물음이 하나 있는데 그것은 바로 죽음이다.

축제의 속성 중 하나인 해방성은 인간의 영성이 최고도로 발휘되어 어느 황홀한 경지에 이르는 순간에 얻을 수 있는 경험의 세계를 지칭한다. 그 황홀한 경지, 엑스터시의 세계는 현실의 세계가 아니다. 보이는 모든 것이 질서정연하게 배치되어 있고 계절의 흐름에 따라 앞날을 예측할 수 있는 그런 세상이 아니다. 보이지는 않지만 어떤 극적인 체험에 의하여 느끼고 경험할 수 있는 상태이며 다시 반복되지 않고 계속 새롭게 경험되는 차원이다. 노동이 예측할 수 있는 상태를 의미한다면 축제를 통해 얻은 엑스터시는 미지의 세계에 대한 동경과 두려움을 의미한다.

함께 노래를 부르고 춤을 추고 술을 마시면서 서서히 나를 망각하고 몰입의 경지에 빠져든다. 나는 서서히 잊히고 내 안에 있는 새로운 나, 혹은 전혀 다른 모습의 내가 탄생한다. 그렇게 탄생한 내가 새로운 환희의 세계에서 시공간을 초월하여 자유롭게 유영하며 내 안의 한계성을 초월하여 새 생명을 얻는다. 인간은 이렇게 짧은 시간의 일탈을 통해서 유한한 존재로서의 두려움, 죽음 이후의 세계에 대한 공포심과 일시적으로 타협한다. 그러나 그 타협은 불행하게도 일시적으로 끝난다. 일시적인 타협, 결국 인간의 유한성은 늘 확인되고 언제나 바로 옆에서 들리는 그 두려움의 목소리를 거부할 수 없다. 함께 살던 가족이나 가까운 친지의 예고 없는 죽음, 그 사별 이후에 감내해야 하는 고독, 시간이 흐름에 따라 서서히 변해가는 육신의 허약함 등은 우리 모두가 어느 한순간도 배반하기 힘든 현실의 구체적인 모습이다. 이러한 현상에 대한 정직한 동의가 바로 삶의 건강성을 담보하는 원초적 조건이 된다. 죽음 앞에서의 축제, 이것이 축제의 자화상이고 축제의 처음과 끝이다.

1. 인간이 된 곰의 이야기

통과의례Passage Lites라는 말이 있다. 지금은 일상에서 보편적으로 사용하고 있어 학문적인 뉘앙스가 별로 느껴지지 않지만 이 단어는 프랑스의 인류학자인 아르놀드 방주네프Arnold Van Gennep가 장소, 상태, 사회적 지위, 연령 등의 변화에 따른 의례를 가리키기 위해 처음으로 사용한 개념이다. 사람의 일생은 끊임없이 여러 단계를 통과한다. 출생, 성인(식), 결혼, 죽음은 주요한 단계다. 한 단계에서 다음 단계로 넘어가기 위해서는 세 단계를 거쳐야 한다. 1단계는 분리/격리/죽음의 형식을 취한다. 새로운 단계로 넘어가기 위해서는 전 단계를 부정해야 한다. 이때 보통 나타나는 단식이나 밀폐된 장소에서의 격리는 죽음을 상징한다. 2단계는 새롭게 변화된 개인과 다른 성원과의 조정된 관계를 나타낸다. 예전 관계는 아니지만 그렇다고 해서 완전히 새로워진 단계도 아닌 상태를 의미한다. 3단계는 일정한 관문을 통과하여 새로운 사회적 지위나 결과를 얻은 단계를 표징한다. 이 세 단계는 한 개인의 신체적·영적 성숙 단계를 상징하기도 하지만 한 집단의 탄생 설화 속에서도 발견된다. 생물체로서 존재하는 인간은 시간의 흐름 속에 구속될 수밖에 없다. 태어나서 성장하고 통과의례를 거쳐 성인이 되고 무엇인가를 이루는 과정은 자연스런 시간의 흐름을 반영한다. 고대인에게 한 집단의 탄생 과정은 인간의 출생 과정과 동일하게 받아들여졌다.

인간이 있기 위해서는 신이 먼저 존재해야 한다. 신의 가장 중요한 역할은 아담과 하와를 만드는 일이다. 흙으로 만들건 뼈에서 추출하건, 일단 인간이 만들어지면 신의 중요한 역할은 끝나고 그 인간이 잘 지내는지 관조하는 것이 일상 업무가 된다. 고조선의 환인과 환웅은 곰과 호랑이에게서 인간 창조의 가능성을 찾았다. 곰과 호랑이는 두 부족의 토템을 상징한다고 전해진다. 환웅은 곰과 호랑이를 섬기는 두 부족에게 동일한 기회를 부여했다. 인간이 되기 위해서는 통과의례를 거쳐야 한다. 통과의례의 가장 중요한 단계는 1단계다. 죽어야 하는 것이다. 죽지 않으면 다시 태어날 수가 없다.

> 때마침 곰 한 마리와 범 한 마리가 같은 굴에 살았는데 항상 신령스러운 환웅에게 사람이 되게 해달라고 빌었다. 이때에 환웅이 영험 있는 쑥 한 타래와 마늘 스무 개를 주면서 말하기를 '너희들이 이것을 먹고 백일 동안 햇빛을 보지 않으면 쉽사리 사람의 형체가 될 수 있으리라'고 했다. 곰과 범은 이것을 얻어먹었다. 곰은 스무하루 동안 기忌를 하여 여자의 몸이 되고 범은 기를 못해서 사람의 몸이 되지 못했다 (일연, 1999: 52).

'백일 동안 햇빛을 보지 않으면' 생물체는 생명을 유지하기가 힘들다. 살기 위해서 죽어야 하는 역설이 진리가 되는 순간이다. 일광기피日光忌避의 모티브 는 고대 제의에서 죽음과 재생을 의미하는 가장 상징적인 통과의례에 대한 표현이다. 고조선의 개국을 위해서는 개국시조가 있어야 한다. 신이 시조가 될 수는 없다. 신의 역할은 개국시조의 등장을 도와주는 조연으로 한정되어야 한다. 개국시조, 단군왕검의 등장을 위해서 필요한 것은 누군가의 희생이다. 곰을 토템으로 하는 부족의 죽음을 기반으로 고조선의 개국이 시작된 것이다.

곰과 범이 간구하는 대상은 '항상 신령스러운 환웅'이다. 환웅은 신의 아들이 다. 신의 육신화를 의미한다. 태백산 꼭대기 신단수 밑에서 인간세계를 다스려 교화시킨 환웅은 신이면서 인간의 외피를 가진 반신반인半神半人이다. 사제나 주술사의 권위가 높아져서 모두가 그 아우라를 경배할 때 샤먼은 인간이면서 동시에 신이 된다. 동아시아 고대인들의 세계관은 기본적으로 샤머니즘에 기반을 둔다. 인간과 신을 매개하는 영매靈媒로서 샤면은 지상과 우주 두 영역에 걸쳐 삶과 죽음의 세계를 넘나들면서 끊임없이 인간에게 신의 나라에 관한 이야기를 들려준다. 그러나 신의 나라는 누구나 들어가는 곳이면서도 아무나 들어갈 수 있는 곳이 아니다. 살아 있는 자가 신의 나라에 들어가려면 신들림이 가능해야 한다. 갖고 있는 모든 것을 내려놓고 죽음까지도 던져버릴 때 신의 나라에서 흘러나오는 천상의 음악을 들을 수 있다.

2. 공자, 무녀의 자식

공자孔子의 전기를 연구하는 전문가들에 의하면 공자는 무녀巫女의 자식으로 태어났다고 한다. 공자의 모친 안씨녀顔氏女는 대대로 무속과 관련된 집안 출신이었다. 사마천이 어린 시절 공자의 모습을 기록한 글에 따르면 그는 어려서부터 굿과 관련된 놀이를 하면서 자랐다고 한다.

孔子爲兒嬉戲常陳俎豆 設禮容

공자는 어릴 때 소꿉장난하기를 좋아했는데 항상 도마와 목기 등의 제사 그릇을 벌려놓고 예에 맞는 복장을 하고 놀았다(김용옥, 2008a: 129).

예는 중국 고대사회의 근간이었고 이런 예 중에서도 기본이 상례喪禮였다. 상례는 삶과 죽음이 교차되는 곳에서 일어나는 가장 극적이고 엄숙한 것이라서 인간의 모든 문화적·사회적 결과물이 총동원되었다. 인간이 스스로 어찌할 수 없는 어떤 상태에 직면했을 때 유일하게 할 수 있는 것은 모든 것을 바쳐 그 죽음과 삶에 대한 예를 지키는 것이다. 이때 춤과 음악이 동원되고 상례의 전문가가 주요한 역할을 하면서 신과 인간을 매개한다. 그것은 오늘날 병원 장례식장에서 볼 수 있는 박제화된 장례가 아니다. 슬픔과 희열이 있고 깨달음과 해방이 상존하는 집단 축제의 한 전형이다.

공자는 이런 분위기 속에서 자랐다. 결국 그의 삶의 출발은 죽음이었다. 죽음에 연계된 제식과 그 제식에 동반된 시례악詩禮樂 속에서 자란 것이다. 여기에서 그는 죽음 그 자체에 매몰되지 않았다. 죽음 앞에서 죽음을 포용하고 그 죽음으로부터 생의 환희를 끌어냈다. 삶의 의미라는 것은 죽음에 대한 두려움이 아니라 삶의 가치에 대한 애정과 그 애정에 대한 지속적인 탐구다. 공자에게 학문은 이러한 삶을 지속적으로 탐구하는 것이었고 그 학문은 결국 '죽음의 예를 어떻게 삶의 예로 전환시키느냐 하는' 물음인 것이었다.

공자 이후 중국의 고대국가가 체계화되는 과정에서 공자의 가르침이 국가 이데올로기로 전용되고 지적 헤게모니의 상징이 되면서 초기 공자의 의미가 퇴색해버렸지만 공자의 본 모습은 사실 무당에 가깝다. 제정일치의 사회에서 제정분리로 넘어가는 일련의 시간적 흐름 속에서 공자는 예의 중요성을 알았으며 시와 노래와 춤이 있고 이 모든 것이 자연스러운 인간적 질서에 의하여 진행되는 과정을 사랑한 휴머니스트였다.

김용옥이 공자를 '재즈의 명인이요 달인'이라고 표현한 것은 이런 맥락에서 동의할 수 있다. 시와 노래와 춤, 그리고 이것들이 어우러져 사람들에게 지속적으로 감동을 주는 새로운 방식에 대한 물음이 공자 학문의 출발점이다. 죽음 앞에서 시작되는 삶의 출발, 죽음 앞에서 시작되는 집단 축제의 화려한 공연은 결국 죽음에서 축제가 시작되고 죽음으로 축제가 완성된다는 가장 인간적인 질문에 대한 신적인 대답이다.

3. 죽음의 무도

피겨 스케이트 선수 김연아가 로스앤젤레스 스테이플스센터에서 열린 2009 국제빙상경기연맹ISU 세계피겨선수권 대회에 출전했을 당시 선택했던 음악은 생 상스Camille Saint-Saëns의 「죽음의 무도」였다. 제목이 다소 섬뜩하게 들릴 수도 있는 이 곡은 실제로 중세 유럽에서 일어났던 역사적 사실에서 영감을 받아 쓴 곡이다. 14세기 독일 라인 강변의 조그만 도시에서 일어난 한 사건은 여러 음악가 와 화가에게 깊은 영감을 주었고 이 사건을 주제로 각종 작품이 만들어졌다.

중세의 가을이 무르익어가던 1374년의 어느 날, 사람들이 갑자기 춤을 추기 시작했 다. 사람들은 집 밖으로 쏟아져 나와 길바닥을 메우고 정말 미친 듯이 춤을 추었다. 춤추다 지친 자들은 길거리에 탈진해 쓰러졌고 이렇게 모두 지쳐 쓰러질 때까지 광란의 춤은 계속되었다(진중권, 2002: 127).

사람들이 이렇게 춤을 추기 시작한 이유는 당시 페스트가 창궐하여 늘 죽음을 곁에 두고 살았던 시대적 환경에 기인한다. 페스트는 지금의 에이즈보다 더 끔찍한 천형天刑이었다. 어느 누구도 피해갈 수 없었고 한번 걸리면 살아남을 수 있는 가능성이 거의 없었다. 옆 마을에 페스트가 돌면 며칠 안으로 우리 마을 사람들도 떼죽음을 당하게 된다. 이제 죽음이 눈앞에 있다. 그런데 사람들 은 죽음 앞에서 춤을 추기 시작한다. 집단적으로 춤을 춘다. 그것이 댄스파티가 되고 집단적 축제가 된다. 탄생과 결혼, 승리의 현장에서 이루어지던 축제가 죽음 앞에서 시작되었다. 축제는 삶의 영광스러운 시절에 피어나는 환희이기도 하지만 삶이 마무리되는 과정은 우리 모두가 동일하다는 일체감에서 비롯된 확신이기도 했다.

죽음 앞에서 비로소 사람들은 하나가 된 것이다. 중세 귀족 계급도 죽음 앞에서는 예외가 아니었다. 성직자도 죽음을 피할 수 없다. 누구나 다 죽음을 두려워하고 병이 나면 고통스러워한다. 죽음 앞에서는 누구나 할 것 없이 평등하다는 사실을 알게 되고 그 평등성에 대한 집단적 고백은 약한 인간이 육체적 한계로부터 벗어날 수 있는 가능성을 열어준다. 이제 모두가 평등한 것을 확인한 이상 우리는 더 이상 구속받지 않는다. 인간과 인간 사이에 존재하던 모든 사회적·제도적 차별을 거부하고 상호 소통이 가능해진 상태는 축제의 기본적이고 절대적인 조건이다. 그것은 축제를 향한 서곡이다. 모두가 평등하다는 깨달음이 바로 축제의 시작이고 그 시작으로부터 해방의 시공간이 열린다는 영적 자각이 「죽음의 무도」의 기본 콘셉트다. 죽음 앞에서는 춤을 추어야 한다. 춤을 출 수밖에 없다. 모든 것이 진정 하나가 되는 극적인 순간은 쉽게 오지 않는다.

중세 기독교가 확고한 권위를 확보할 수 있었던 것은 사제 계급이 죽음에 대한 민중의 두려움을 이용하여 하늘나라에 대한 배타적 분양권을 휘둘렀기 때문이다. 천국에 과도하게 집착하는 것은 천국 그 자체를 동경해서가 아니라 천국과 현실 사이에 존재하는 죽음을 일시적으로 망각하기 위해서다. 망각하기 위해서 천국이 필요하고 그 천국에 가기 위해서 사제의 도움이 필요한데, 사제는 민중의 시각에서 볼 때 너무 높은 자리에 있어서 감히 '같은 인간'이라고 생각할 수가 없었다. 사제의 죽음은 늘 민중에게 드러나지 않았고 지극히 '경건'했기 때문에 일반 민중이 두려워하는 죽음을 그들도 겪는다고 감히 생각할 수 없었다. '죽음'은 평범한 민중에게만 해당하는 것이라고 여긴 것이다. 그런데 그 '믿음'이 깨졌다. 페스트 앞에서는 모두가 두려움을 느꼈고 죽음 앞에서는 예외가 없었다. 「죽음의 무도」는 중세의 '허위의식'이 죽음 앞에서 무너지고 다시 삶의 건강성을 회복하는 장면을 역설적으로 보여준다.

4. 장례식의 두 풍경

필자가 독일에 체류 중일 때는 1990년대 중후반이어서 1970년대에 외국인 노동자로 와서 정착한 한국인들이 그 나름대로 안정된 생활을 하고 있었다. 어느 날 지인인 교포의 부인이 돌아가셨다는 소식을 듣고 조문을 갔다. 남편은 한국에서 온 광부 출신이었고 돌아가신 부인은 현지 독일인이었다. 상가에는 남편을 아는 한국 교포들과 부인의 독일 지인들이 섞여 있었다. 한국 사람들은 당연하게도 상가에서 술을 마시고 음식을 먹고 화투놀이를 하면서 떠들썩하게 밤을 세웠고 독일인들은 조용하게 유가족을 위로한 다음 차를 마시고 잠시 대화를 나누고서 상가를 떠났다. 나를 포함한 한국 사람들은 한국에서와 똑같이 고인과 유가족에 대해 할 수 있는 예의를 다했고 상주는 고마워하며 남은 장례 절차에 대해 설명했다. 모든 것이 잘 진행되었다고 생각했다. 그러나 전혀 생각하지 못했던 뜻밖의 이야기를 들었다. 문제는 그다음 날이었다. 조문을 온 독일인 한 사람이 한국 사람들의 '야만적 태도'에 격노하여 상주에게 심하게 불평을 토로했다는 것이다. '아니 어떻게 상가에 와서 술을 마시고 떠들고 노름까지 할 수 있느냐. 이게 사람이 할 짓이냐!' 충분히 이해가 갔다. 독일인은 그렇게 볼 수 있겠다는 생각이 들었다. 외국인, 특히 동아시아에서 온 이방인들의 장례 풍습을 독일인들이 낯설게 여기는 것은 당연했다.

헤브라이즘이 유입된 이후 유럽인들의 종교관은 비교적 단일한 사상 체계를 유지해왔다. 죽음 이후 영혼은 하늘나라로 올라가서 영원한 휴식을 취한다. 죽는 순간 영혼은 육체를 이탈하여 하늘나라로 올라가고 육체는 단순한 육신으로만 존재한다. 일생의 대부분을 믿음과 참회 속에서 보낸 성도들은 자연스럽게 마지막 세례를 받고 아버지 하나님이 주재하시는 천국으로 올라간다. 장례식에 참여한 모든 사람은 이 사실을 잘 안다. 우리 모두 죽어 천국에 갈 것이고,

다만 순서의 문제일 뿐이라고. 살아서 고생을 했으니 기쁨과 찬송이 있는 천국에서의 삶은 당연히 망자의 것이라고 동의하고 기도한다. 그런데 그 모든 절차가 엄숙하고 비장하다. 물론 시기적으로는 장례식에 직업적인 곡녀哭女가 등장한 적도 있지만 그런 장례 풍습은 일시적이었고 전체적으로는 사뭇 엄숙하게 진행되었다. 장례식은 죽어서 더 좋은 곳으로 가는 사람을 송별하는 자리임에도 늘 엄숙하다. 중세의 기독교는 현세에서의 모든 삶을 속죄와 회개의 과정으로 묘사한다. 마지막 순간까지도 경건하게 자신의 지나온 삶을 반추하고 남아 있는 잘못이 있다면 회개의 기도를 해야 한다. 장례식에 참석한 모든 조문객은 마지막 가는 사람이 지상에서의 삶을 잘 정리할 수 있도록, 그리고 살아 있는 사람들 역시 조만간 그 길을 걷게 될 것이라는 생각에 경건한 태도를 유지한다. 음식과 술은 지상에서의 마지막 정리를 허위로 돌려버리는 무의미하고 경건하지 못한 이교도의 풍습인 것이다.

무속으로 통칭되는 우리의 재래 종교는 실상 매우 다양한 종교와 사상의 혼합물이다. 오랜 기원을 갖고 있는 샤머니즘을 기반으로 도교, 불교의 영향을 받았고 유교와의 긴장관계 속에서 영향을 주고받으며 대중의 삶에 영향을 미쳐왔다. 개신교와 가톨릭을 합한 기독교 교인이 1,000만 명이 넘고 정치, 사회, 문화 등 사회의 여러 분야에서 기독교의 영향력이 크지만 아직도 무속적 인습이 온존한다. 기독교인의 장례식과 비기독교인의 장례식은 크게 다르지 않다. 장례를 삼일장三日葬으로 할지 오일장五日葬으로 할지는 기독교 교리와 하등 상관없는 일이다. 장례식장에서 밤새 술 마시고 떠드는 것 역시 기독교 교리와는 무관하다. 무속에서의 영혼관은 기독교의 그것과 다르다. 기독교에서는 인간이 죽어 하늘나라로 가면 모든 상황이 종료된다. 죽은 사람의 영혼이 다시 인간세계에서 떠돌아다니는 일이 없다. 그런 영혼은 사탄이거나 타락한 천사일 뿐이다. 그러나 우리의 오래된 의식 속에는 아직도 저승에 가지 못해 이승을 맴도는 떠돌이 넋에 대한 연민이 남아 있다. 그 넋은 우리 주변에서 맴돌고 있고 우리와 더불어 존재한다. 이 넋의 한을 풀어주고 피안의 저 세계로 보내는 것이 살아 있는 자의 의무다. 죽어서 육신을 떠난 혼은 저승에 가기 전에 자신이 살아온 삶을 되돌아본다. 조문객은 망자의 지나온 삶을 보여주는 하나의 표징이다. 그들의 대화 속에 등장하는 망자의 이야기를 망자의 넋이 듣고 있다. 망자를 외롭지 않게 보내주기 위해서라도 많은 사람이 모여 고인의 아름다웠던 삶에 대해 밤새 이야기해야 한다. 그것은 이별의 의식이면서 재결합의 의식이기도 하다. 결코 죽은 이를 보내는 것으로 장례식이 끝나는 것이 아니다. 장례식은 망자를 다시 우리 안으로 받아들이는 의식이기도 하다.

서구인의 시각에서는 산 자와 죽은 자의 교류가 계속되는 것이 이해할 수 없는 현상일 것이다. 죽으면 모든 것이 끝나는 상태에서는 경건한 작별 인사가 중요하겠지만 죽어서 다시 우리 곁으로 온 넋에게 그저 잘 가라고 인사만 할 수는 없다. 망자의 맺힌 한을 모두 풀어주고 웃으며 저승길로 보내주어야 한다. 노자도 보태주고 술도 한잔 따라주어야 한다. 당신과 함께했던 이승에서의 삶이 좋았다고 말해주어야 한다. 보내는 자리가 축제가 되어야 하는 이유가 바로 이것이다.

5. '삶과 죽음이 모두 자연의 한 조각 아니겠는가?'

노무현 전 대통령의 노제가 거행된 시청 앞 서울광장은 한여름 더위가 시작되는 5월 하순이었지만 수많은 애도객으로 가득 차 있었다. 운구 행렬 뒤로 끝없는 만장이 이어지고 그 뒤를 이은 추모객은 끝이 보이지 않았다. 경복궁에서 진행된 국민장에서는 보이지 않았던 모습이다. 많은 시민이 자발적으로 나와서 가슴으로 이별가를 부르고 눈물을 흘리면서 '사랑했던 임'을 떠나보내는 장면은 형언할 수 없을 정도로 짙은 감동을 불러일으켰다.

너무 많은 사람들에게 신세를 졌다. 나로 말미암아 여러 사람이 받은 고통이 너무 크다. 앞으로 받을 고통도 헤아릴 수가 없다. 여생도 남에게 짐이 될 일밖에 없다. 건강이 좋지 않아서 아무것도 할 수가 없다. 책을 읽을 수도 글을 쓸 수도 없다. 너무 슬퍼하지 마라. 삶과 죽음이 모두 자연의 한 조각 아니겠는가? 미안해하지 마라. 누구도 원망하지 마라. 운명이다. 화장해라. 그리고 집 가까운 곳에 아주 작은 비석 하나만 남겨라. 오래된 생각이다(노무현 전 대통령의 유언 전문).

죽음 앞에서 다시 모두가 하나되어 죽은 이의 한을 풀어주는 집단적 해원 의식은 우리의 오래된 민간 축제다. 그것은 서러운 축제이고, 감동의 축제이고, 한 없이는 느낄 수 없는 축제다. 한과 흥이 어우러진 집단적 엑스터시의 세계다. 죽은 이의 한을 풀어주는 의식이 진행되는 동안 죽은 이의 한 풀림과 더불어 힘들게 살아가면서 맺힌 것이 많은 모든 민초의 한도 서서히 풀린다. 즉, 굿을 통하여 죽은 이와 살아 있는 이가 서로 하나가 되며, 결국 삶과 죽음이 하나가 됨을 체험한다. 해원 의식을 통하여 한을 푼 영혼은 저승길이 외롭지 않고 보내는 사람은 마음속 짐을 내려놓는다. 죽음 앞에서 산 자와 죽은 자는 하나가 되고 축제는 모든 것을 해방시킨다.

산다는 것은 계속 때를 묻히는 것이다. 생존을 위해서 자존을 일시적으로 포기해야 할 때도 있고 '구차한 삶'을 위하여 노역을 감내해야 할 때도 있다. 삶의 팍팍함에서 오는 이러한 한 맺힘은 쉽게 풀어지지 않는다. 가슴 저 깊은 곳, 밑 모르는 곳에 간직되어 있어 비 오는 날 관절 쑤시듯 간헐적으로 찾아온다. 맺힌 것이 많으면 쉽사리 풀리지 않는다. 모든 한을 폭발적으로 풀어내고 다시 흥을 돋우기 위해서는 모멘텀momentum, 바로 죽음이 필요하다. 우리는 역설적으로 죽음 앞에서 죽음을 응시하면서, 죽음을 보내면서 삶의 건강성을 회복한다. 가슴 안에 있는 모든 원한을 내몰고 다시 산바람 나는 새 기운을 받아들인다. 노동과 축제는 우리 문화에서 한과 흥으로 치환된다. 그것은 죽음 앞에서 얻는 새 생명을 의미한다.

죽음 앞에서 우리는 비로소 하나가 된다. 죽음에 대한 정직한 고백만이 삶의 건강성과 아름다움을 회복시키는 길이다. 알렉산드르 코제프Alexandre Kojève가 했던 말—"죽음 이전에 삶이란 있기나 했던 것일까?"—은 늘 기억해야 할 명구다. 라틴어 메멘토 모리Memento Mori—죽음을 기억하라—와 같이.

지금 여기에서의 축제

촛불 시위 카오스의 축제

평소에 한과 흥이 많은 민족답게 우리 주변에는 늘 먹고 마시는 장소가 예비되어 있다. 술집과 노래방이 도처에 즐비해서 마음만 먹으면 어느 때라도 쉽게 유흥을 즐길 수 있다. 모든 행사의 끝에는 항상 뒤풀이가 있다. 공과 사를 막론하고 예외가 별로 없다. 뒤풀이가 없으면 행사가 온전히 마감된 것이 아니다. 뒤풀이 장소에 가서 먹고 마시면서 이런저런 이야기를 해야 제대로 마무리가 된다. 일상화된 기업의 회식문화 역시 이런 맥락에서 이해할 수 있다. 공적인 장소에서 진행되는 회의나 토론만으로는 제대로 된 커뮤니케이션이 가능하지 않다는 인식이 일반화되어 있다. 이런 뒤풀이 문화는 사회 도처에서 발견된다. 건강을 위해 산에 오르는 경우에도 내려와서는 막걸리를 한잔해야 하고 낚시를 하든 조깅을 하든 몇 사람이 모이면 거의 예외 없이 술과 여흥으로 마무리한다. 일본에서 시작된 가라오케가 노래방으로 바뀌면서 국민 대다수가 중견 가수 이상의 실력을 갖게 되었고 대한민국 국민이라면 최소한 한 번 이상 노래방에 가보지 않은 사람이 없을 정도로 노래방은 일상적 공간이 되었다. 경제 상황에 따른 부침은 있겠지만 다른 업종과 달리 노래방은 쉽게 없어질 것 같지 않다.

각 지역에서 거의 일 년 내내 개최되는 여러 축제는 이런 일상적인 뒤풀이

문화의 주기적 반영이라고 볼 수 있다. 정신적·육체적으로 강도 높은 하루의 노동이 끝난 후 사람들과 어울려 마시는 술 한잔을 통해 스트레스를 해소하는 것처럼 사람들은 일상의 힘든 노역을 잠시라도 잊기 위하여 축제를 찾아 즐긴다. 사람들로 가득 붐비는 떠들썩한 먹자판에서 함께 먹고 마시면서 유유상종의 동질감을 공유하기도 하고 구매와 소비 행위를 통해 일시적으로 축제의 주인공이 되어 다시 노동할 이유를 스스로에게 부여하기도 한다.

축제는 우리에게 현재의 삶이 고단할지라도 그래도 살 만한 것이고 삶이란 그저 무의미하거나 노역의 연속이 아니라는 것을 깨닫게 하면서 우리 안에 내재된 어떤 영성을 확인시켜 주는 기제로 작용한다. 우리는 축제를 통하여 인간의 원초적 본성을 확인한다. 노동을 통해 생존을 유지하고 축제를 통해 노동할 에너지를 공급받으면서 우리 안의 한과 흥은 길항하고 융합하면서 사회를 만들고 역사를 창조해간다.

본래 축제는 단순한 소비 행위가 아니다. 도처에서 벌어지는 축제의 주최 측은 사람들의 소비를 촉진하기 위하여 여러 아이디어를 끊임없이 생산해내고 홍보에 열을 올리지만 축제는 소비와 소모와는 거리가 먼 영적인 퍼포먼스다. 자본주의 체제하에서는 모든 것이 자본의 확대 재생산을 위한 도구로 활용되기 때문에 축제 역시 상업 행위 이상의 큰 의미를 부여하기 힘들게 변질되었지만 축제는 기본적으로 반자본주의적 속성을 내재하고 있고 시대를 초월하여 모두에게 공명되는 인간의 원초적 본성 중 하나다.

노동과 축제는 인간이 무리를 이루어 소통하고 동거하기 시작할 때부터 함께 시작된 두 가지 사회적 행위다. 생산하고 소비하는 것, 소비하기 위하여 생산하는 것이라는 평면적 분석은 자본주의 시대 이후로 적용되어야 한다. 고대 원시사회에서 가장 중요한 덕목은 생존일 수밖에 없었고 생존을 위해 '생존'을 걸어야 하는 치열한 삶이 일상적으로 관철되었던 현실 속에서 사람들은 노동과 축제를 이원론적으로 인식할 수 없었다. 생존을 위해 '생존'을 담보로 해야 하는 삶의 현장은 긴장의 연속이었고 이때 축제는 그 긴장을 에너지로 전환시키는 해방의 공간이었다. 축제 속에서 인간은 형제애를 공유했고 죽은 이웃을 추도했으며 삶과 죽음의 경계를 넘나드는 엑스터시의 세계를 체험했다. 축제의 혁명성과 평등성은 원시공동체 사회의 집단 이데올로기였고 하나의 확고한 신앙이었다.

이런 축제의 본성이 현대 자본주의 시대로 들어오면서 많이 변질되고 훼손되기도 했지만 그래도 원초적 본성은 아직 유효하고 역사의 어떤 시점에는 폭발적으로 발휘되기도 한다. 모든 구성원이 평등과 해방을 위해 자발적으로 참여하는 장, 신나는 한판 굿, 주최와 객체가 따로 존재하지 않는 놀이판, 즉흥적이되 내용이 있고 끝나고 돌아서서도 여운이 남는 축제, 이런 축제가 다름 아닌 2008년 서울 한복판 광화문과 시청 광장에서 벌어졌다. 오랜 기간 우리 안에 내재된 그 본능이 다시 살아난 것이다.

1. 기획되지 않은 축제

축제를 주최하는 이의 가장 큰 고민은 어떻게 하면 사람을 많이 불러 모을 수 있을까 하는 것이다. 축제의 콘셉트를 잡고 콘텐츠를 채우고 무대와 배경을 설정하는 모든 행위의 최종 목표는 사람을 많이 동원하는 것이다. 늘 새로운 볼거리를 기획해야 하고 남과 다른 차별성을 강조하는 것도 결국은 사람을 동원하기 위한 주요한 기제일 뿐이다. 만약 특별한 장치 없이 많은 사람을 동원할 수 있다면, 사람들이 자발적으로 와서 축제를 즐길 수만 있다면 그 축제는 모든 축제 주최자의 꿈이고 이상일 것이다. 그런 이상적인 축제가 바로

2008년 대한민국의 수도 서울 한가운데서 수십만 명이 자발적으로 참여하여 이루어졌다. 누구도 예상하지 못한 일이었다. 이 축제는 자발적으로 모여들기 시작한 몇 사람에 의해 조용히 시작되었다. 하고 싶은 말이 있었고, 그 말을 여러 사람에게 알리고 싶었고, 공감하면 함께 떠들고 싶은 마음이 전부였다. 사람들은 이렇게 모여서 마음속의 여러 말을 해방시키기 시작했다. 해방의 언어가 때로는 노래가 되고 때로는 춤이 되고 때로는 구호가 되면서 사람들은 서서히 축제의 주인공이 되어갔다.

정치적 시위로 출발한 집회의 경우에는 누구나 예상할 수 있는 대략의 시나리오가 있기 마련이다. 조직적인 모임, 미리 잘 준비된 주의, 주장, 대립과 해산, 그리고 승리하는 일반적 도식이 그것이다. 이는 우리 사회에서 일어나는 대부분 집회의 전형적인 모습이기도 하다. 이런 집회에는 으레 야심찬 주장이 있고 이를 옹호·주창하는 사람들이 모이기 때문에 애초부터 축제의 콘셉트와는 거리가 멀 수밖에 없다. 집회와 축제는 그 사회적 함의가 출발부터 다르게 해석되어 왔다. 집회에는 늘 긴장감이 맴돈다.

해방 이후 항상 사회적 긴장이 팽배했던 한국 사회에서 집회는, 곧 정치적 집회를 의미했으며 정치적 집회는 극한 갈등과 대립의 상징이었다. 대화를 통한 문제 해결이나 종교 지도자와 같은 사회적 원로에 의한 중재의 전통은 없었고 많은 희생을 통해 집회가 어느 정도 성과를 획득하는 것이 일반적 관례였다. 4·19 혁명의 경우는 그래도 민주주의의 복원이라는 즉각적인 성과가 있어 어느 정도 역동적으로 묘사되지만 5·18 광주 민주화 운동의 경우에는 아직까지도 비극적인 광경만 처연하게 각인되어 있다. 한국 현대사를 장식했던 주요 시위나 집회의 경우 대부분 격렬한 투쟁이 있었고, 그 결과 사회가 조금씩 진보의 방향으로 옮겨올 수 있었지만 그에 따른 희생은 결코 가벼운 것이 아니었다. '민주주의는 피를 먹고 자란다'는 말처럼 시위나 집회에 참가하여 자기 목소리를 내는 것은 목숨을 담보로 하는 행위였다. 당연히 집회의 주요 정조는 긴장감과 숙연함이었고 참가자들은 엄숙한 의식에 참여하는 비밀교도였던 것이다.

그런데 과거와는 전혀 다른, 새롭고 재미난 일이 벌어졌다. 집회가 축제로 변신한 것이다. 그것도 아주 자연스럽고 모두가 동의하는 방식으로 변한 것이다. 긴장감과 숙연함이 없어지고 대신에 유쾌한 웃음소리가 가득한 축제판이 벌어졌다. 사람들은 더 이상 비밀교도가 아니고 집회는 더 이상 희생의 제물을 필요로 하지 않는다. 참가자들이 자신을 당당하게 드러내면서 대립과 갈등의 마당이 서로 어울려 노는 장소로 전환된 것이다. 그들은 단지 촛불만 들었을 뿐이다. 유인물도, 깃발도, 꽹과리도 없이 촛불 하나만을 들고 조용히 노래를 부르면서 자신의 이야기를 하기 시작했다.

이렇게 촛불 시위가 많은 사람이 즐기는 축제로 전환되면서 사람들은 축제 안에서 평등하게 소통하며 스스로 축제의 주인공이 되어 축제를 주도한다. 흔히 일반적인 의미에서 축제란 주최 측과 참가자 측이 있기 마련이고 참가자들은 주최 측이 준비한 마당 안에서 한정된 아이템으로 제한된 놀이를 하는 기획된 이벤트의 수행자라고 할 수 있다. 그러나 촛불 축제는 주최자와 참가자의 구별이 없는, 놀 수 있는 아이템이 제한되지 않은, 모든 것이 가능하고 모든 표현과 행동이 억압 없이 분출될 수 있는 축제의 원형을 보여주었다. 평등과 해방의 공간이 형성된 것이다.

촛불 시위 현장의 분위기를 묘사한 다음의 언론 보도를 별 생각 없이 읽는다면 촛불 시위가 시위를 위한 것인지 축제를 위한 것인지 구별하기가 쉽지 않다.

풍물패는 태평소 가락에 맞춰 사물놀이 공연을 펼쳐 시위대의 사기를 돋았고 통기타를 매고 온 동호회는 거리에 모여 앉아 시위 노래를 불렀다. 집회에 참석한 시민들도 지나가던 발걸음을 멈추고 이들과 함께 노래를 부르며 아낌없는 응원을 보냈다(송혜경, 2008).

집회는 시위에서 출발했지만 축제로 전환되고 그 안에서 사람들은 즐겁게 자신을 표현한다. 이런 제한되지 않은 자기 표현은 가장 급진적인 형태로 집단화되었다. 풍물패와 동호회, 집회에 참석한 시민은 함께 노래를 부른다. 이 노래 속에는 모든 축제 참가자의 요구가 내포되어 있다. 노랫말은 즉석에서 집단적으로 만들어지며 모든 사람의 애창곡이 된다. 애창곡이 바로 데모송이 되는 것이다.

축제는 사람들의 영성이 가장 자유로울 때, 모든 구속에서 벗어나 자기 자신의 주인이 본인이라는 것을 체험하는 순간에 완성된다. 대부분의 축제 때 등장하는 음주가무는 엑스터시를 위한 주요한 도구이지만 본질적인 요소는 아니다. 막걸리 한 주전자만 있어도, 함께 부를 수 있는 노래 몇 곡만 있어도 축제가 열릴 수 있다. 중요한 것은 인간의 영성을 가장 자유롭게 해방시켜 주는 어떤 모멘텀이고 그 모멘텀을 발생시키는 계기이며 진보적 사유다.

2. 가장 모던한 축제

모든 축제는 기본적으로 현재를 사는 사람들의 집단적 행위라는 점에서 모던할 수밖에 없다. 하지만 사실 우리가 지금 여기에서 즐기고 있는 축제의 대부분은 지난 것에 대한 관람 행위이거나, 또는 잘해야 소극적 참여 행위에 머무는 경우가 대부분이다. 이는 마치 박물관에서 한두 시간 관람한 후에 특정 시대에 대해 모든 것을 이해했다고 느끼는 소아적인 발상과 크게 다르지 않다.

축제는 현재의 삶과 가장 긴박하게 관계를 맺고 있는 창조적이며 유희적인 집단 행위다. 만약 축제에서 현재의 삶이 빠져 있다면 이는 단연코 축제가 아니며, 단지 축제라는 외형을 가진 인위적 이벤트에 불과하다. 상술한 것처럼 축제와 노동은 원시사회에서 집단 구성원에게 가장 중요한 사회적 행위였다. 노동은 현재의 삶을 살아가기 위해서, 생존하기 위해서, 생존(목숨)의 위험성을 감내하면서 행하는 최전선의 위험한 일이었고 축제는 그 노동과 연계되어 매일의 긴장된 삶을 풀어주고 유희를 통해 노동의 에너지를 공급하는 또 다른 노동이었다. 축제가 신명나는 이유는 그것이 인간의 총체성과 만나기 때문이지 결코 술에 취해서가 아니다. 이런 의미에서 축제는 늘 현재 진행형일 수밖에 없으며 새롭게 해석되고 창조될 수밖에 없다. 즉, 현재 우리가 행하는 노동과 우리가 직면한, 직면해야 하는 문제에 대한 주저 없는 저항이 유희로 표현될 때 축제는 현재성을 확보하며 인간의 영성과 조우할 가능성을 얻는다.

촛불 시위가 축제로 변한 가장 중요한 이유 중 하나는 축제의 내용이 현재의 삶을 정면으로 응시했다는 데 있다. 촛불 축제의 참가자들은 지금 여기에서 가장 중요하고도, 우리가 대응해야 할 삶의 문제를 결코 피하지 않았고 함께 어우러져 이를 공동의 유희로 전환시켰다. 마치 원시사회의 구성원이 집단적 가무를 통해 힘을 얻는 것과도 같다. 가무를 통해 맹수의 힘을 얻고 그 맹수를 이기기를 바라는 주술 행위처럼 현재의 문제에 정면으로 부딪치고 그 문제 속에서 해결책을 찾아나갈 때 비로소 축제는 현재성을 담보하고 축제의 긴장감을 확보한다.

축제가 오락과 다른 이유가 여기에 있다. 오락은 최초의 목표도, 마지막 목표도 심신을 이완시키는 것이지만 축제는 결코 일시적 휴식이 아니며 현실의 문제를 정면으로 응시하는, 긴장감을 유희로 전환시키는 창조적 행위다. 이런 의미에서 오락은 개인화·파편화가 가능한 놀이이고 축제는 사회적·현재적 삶을 조건으로 노는 집단적 놀이다. 다음과 같은 외신 보도는 축제가 현재의 문제에 정면으로 대응할 때 모든 것이 축제가 될 수 있다는 재미난 발상을 보여준다.

영국의 경제 전문 일간지 ≪파이낸셜 타임스≫는 이 같은 이명박 정권에 맞선 한국의 새로운 시위 문화에 주목하며 이를 시위 축제Protestivals라고 표현했다. 다양한 비정치적 집단이 참여하는 축제 같은 시위라는 의미다(박성조, 2008).

시위가 축제가 되었다는 것은 현재의 문제를 정면으로 응시한다는 것을 포함해 계층과 계급의 구분 없이 모든 사람이 참여하게 되었다는 의미다. 구성원 전체의 집단적 유희에서 출발한 축제의 성격이 계급사회의 형성과 사회의 다원화로 변해가면서 계층별·계급별·연령별·성별 등으로 세분화되는 현상을 보이고 있지만 본래 축제는 모두의 평등성이 확보될 때, 즉 인위적인 장막이 최대한 제거되었을 때 건강하게 발산된다. 모두가 현재의 어려움을 유희로 전환시켜 함께 즐길 때, 즉 축제가 가장 모던한 모습을 보일 때 축제는 최고 정점에 오른다. 2008년 대한민국 수도 서울에서 벌어졌던 촛불 축제는 이런 의미에서 가장 모던한, 생동감 있는, 살아 있는 축제였다고 말할 수 있다.

3. 광장의 복원

정치학 교과서 첫 장에 나오는 민주주의의 기원과 발달에 관한 서술은 대부분 고대 그리스의 아고라에서 출발한다. 아고라는 고대 그리스 도시에서 시민들이 모여 토론하고 교제하던 야외 공간을 뜻한다. 동시에 아고라는 사람들이 모이는 물리적 장소뿐만 아니라 모임 자체를 의미하는 용어로 사용되기도 했다. 사람들은 아고라에 모여 정치적 의제를 놓고 토론을 했고 일상적인 종교 활동을 했으며 범법자에 대한 재판이나 상업 활동 등 사실상 모여서 할 수 있는 모든 활동을 했다. 신분이 자유로운 사람들은 아고라에 모여 연극 공연이나 운동경기도 즐겼다. 아고라는 모든 것이 가능한 장소였고 모든 것을 얻을 수 있는 장소였다.

고대 그리스에 대한 우리의 일반적인 느낌은 대부분 이 아고라에서 출발한다. 고대 문명 중에서 유일하게 민주주의가 실시된 곳이 그리스의 도시국가들이다. 엄숙한 신전과 철권적 권위로 무장한 다른 고대국가들과 달리 그리스의 도시국가들에서는 사람 냄새가 났고 신과 인간이 평화롭게 공존했다. 아고라에서 사람들은 신을 만났고 신과 평화롭게 공존하는 법을 배웠고 즐겼다. 광장에서 일상적 축제가 벌어진 것이다. 사람들이 자연스럽게 모일 곳이 있고 그곳에서 누구라도 발언할 수 있다면, 그리고 그곳이 늘 열려 있다면 축제는 삶의 한 부분이 된다. 축제가 일상화되는 것이다. 축제가 일상적으로 벌어지는 곳에서는 더 이상 계급 간 차별이 없고 해방과 평등의 공간이 열린다.

압축적 근대화로 표현되는 한국의 현대사는 권위주의적 일방통행 시스템에 의해 모든 것이 진행된 폭압적 역사와 동의어로 해석된다. 광장은 없었고 최소한도로 존재하던 물리적 공간마저 군사 퍼레이드나 동원된 학생들의 의례적 환호성으로 장식될 뿐이었다. 광장은 민주주의와는 상관없는 곳이었고 삼엄한 경계 속에서 출입이 통제당하는 금역의 공간이었다. 공존할 수 있는 모든 장소가 폐쇄되었다. 모여서 이야기를 하려면 공간이 필요하다. 집회나 시위는 공간을 필요로 한다. 아고라를 위해서 먼저 아고라를 만들어야 하는 것이다. 그러나 그 공간은 늘 폐쇄되어 있기 때문에 희생이 필요하다. 공간의 개방은 민주주의의 시작을 의미한다.

그 폐쇄된 공간이 촛불을 든 시민들에 의해 조금씩 열리기 시작했다. 누구라도 그 공간을 점령할 의도가 없었다. 단지 다른 사람들과 대화를 나누고 토론을 하고 어울릴 수 있는 장소가 필요했고 그런 욕망이 사람들로 하여금 촛불을

들게 만들었다. 촛불을 든 사람들이 하나 둘 모여 서로를 확인하고 광장을 해방의 공간으로 만들면서 축제가 시작되었다. 누구라도 그 공간에서는 발언할 수 있었고 춤출 수 있었고 노래할 수 있었다. 자신 안에 내재되어 있던 스스로에 대한 검열이 점차 사라지면서 광장은 계엄군이 지키던 폐쇄의 공간에서 모든 사람이 평등해지는 아고라로 변했고 모든 것을 소통시키는 장소로 변했다. 공간을 확보함으로써 시위는 축제가 되었고 축제는 다시 공간의 의미를 변화시킨 것이다.

당연한 이야기이지만 축제를 하기 위해서는 광장이 필요하다. 축제는 관념의 유희나 종교의 제례 의식이 아니다. 축제는 육체를 가진 인간의 영성이 최고도로 발휘되는 실질적이고 구체적인 영적 체험이다. 모든 에너지를 쏟아낼 수 있는 통제되지 않는 공간이 필요하다.

촛불 시위가 축제가 된 것은 결국 광장이 제자리로 귀환했다는 의미다. 다시 귀환한 광장은 이제 축제의 마당이 되어 언제라도 다시 축제를 시작할 수 있는 가능성을 가져다주었고 우리는 다시 촛불 하나로 축제를 시작할 수 있게 되었다.

4. 다시, 촛불 축제를 위하여

축제는 단순한 유흥이 아니다. 축제는 인간 삶의 총체적 표현이다. 따라서 축제의 시작은 인간의 사회적 삶에 대한 공부에서 출발해야 한다. 사회적 인간에 대한 주체적 해석이 전제되지 않는 축제는 성과 없는 일회적 이벤트로 끝날 수밖에 없다. 자본주의 시대 이후 축제에 내재된 가치인 인간의 평등성이 상품 구매의 평등성으로 환원되고 창조적 유희성이 자본을 획득하기 위한 수단으로 변질되면서 모든 것이 물신화되고 축제의 해방적 성격이 왜곡되었지만 인간은 결코 어느 순간에도 스스로의 창조성을 포기하지 않았다. 2008년의 촛불 축제가 바로 그 분명한 사례다. 정치경제학적으로 분석하자면 촛불 시위는 성과가 없는 정치적 집회였을지도 모른다. 그 오랫동안의 시위에도 실제로 얻어낸 것은 거의 없는 손해 본 장사였는지도 모른다. 따라서 배울 것이 하나도 없는 잘못된 축제의 전형이라고 폄하될 수도 있다. 그러나 축제는 결코 일회적 판촉활동이나 신상품을 홍보하기 위한 단기 이벤트가 아니다. 축제는 사람들의 영성을 자발적으로 춤추게 만들어 그 영성으로 하여금 자신과 사회를 끊임없이 재창조시키는 과정이다. 촛불 축제에서 사람들은 해방의 공간을 만끽했고 스스로가 주인이 되는 체험을 재확인했다. 축제의 주최자, 축제 기획에 관심이 있는 사람은 이 점을 놓치지 말아야 한다. 물건을 한 번만 팔고 말 초급 장사꾼이라면 단기 이익을 따져보겠지만 사람의 마음을 움직여 '큰 장사'를 하고 싶은 기획자라면 처음부터 촛불 축제를 분석해야 한다.

축지법 또는 사이버 스페이스 축제와 인간

엉뚱한 질문을 하나 해보자. 동물에게도 축제가 있을까? 원숭이나 돌고래가 군집 생활을 하는 이유는 혹시 축제를 하기 위해서가 아닐까? '개나 소'가 되어보지 않아서 잘 모르겠지만 동물들의 군집 생활이 축제를 위한 것이라고는 보기 어렵다. 자연과학에서 얻은 지식하에 생태계에서 생존력을 극대화하기 위해 군집 생활이 필요했을 것이라고 판단하는 편이 옳을 것 같다. 우리의 이성으로는 인간 외의 다른 생물체에게 축제가 있다고 생각하기 어렵다.

엉뚱한 질문을 하나 더 해보자. 신의 세계에도 축제가 있을까? 그리스 신화에는 무수히 많은 신들의 축제가 나타나지만 그 공간은 인성과 신성이 별로 구별되지 않는, 인간과 신이 자유롭게 결합하는 공간이니 예외로 하고 현재와 같이 인성과 신성이 확연하게 차이를 보이는 경우를 상상해보자. 모든 것이 완전한 신의 세계에 과연 축제가 필요할까? 신이 되어보지 못해서 이 또한 잘 모르겠지만 아마 축제가 필요 없을 것 같다. 늘 모든 것이 만족스러운 상태일 텐데 굳이 축제가 필요하겠는가. 매일이 축제라는 것은 달리 보면 늘 축제가 아니라는 것과 동일한 의미가 아닐까 싶다.

일상은 축제가 아니다. 일상을 벗어나는 순간에 축제가 시작된다. 그 일상에는 노동으로 고단해진 심신의 피곤함도 포함되어 있고 물질적 신체 구조의 한계를 절감하는 불안감도 포함되어 있다. 물론 사회경제적으로 억눌리고 소외당해서 생기는 억울함도 한 자락 포함된다. 그러나 축제는 바로 이런 일상에서 출발한다. 일상은 축제를 위한 기본 조건이다. 물질적 외피를 가지고 있고 노동해서 생존해야 하며 부단히 사회적 관계를 맺고 살아가야만 하는 일상과 현실을 전제로 축제는 시작된다. 축제를 위한 이런 전제 조건은 동물의 삶과 크게 다를 것이 없다. 생존하기 위한 사냥과 노역은 결코 고귀하지 않다. 선사시대 인간의 삶은 동물의 그것과 크게 다르지 않았다. 생존하기 위해 매일 힘겹게 사냥해야 하는 동물의 세계와 별로 다를 바 없었다. 정착하면서 농경생활을 하고 잉여 생산물을 얻자 비로소 인간은 동물적 삶에서 벗어나 인간으로서의 정체성을 찾아갔다. 축제는 여기에서 시작된다. 매일의 불안한 삶으로부터 어느 정도 벗어나 상상하게 되었을 때 축제를 기획할 수 있다. 동물에서 벗어나 신이 되고 싶은 욕망, 유한한 생명체에서 절대 존재인 신이 되고 싶은 갈망이 축제의 시작이다. 잠시라도 좋다. 지금은 먹을 것이 많은 추수철이다. 겨울이 지나 다시 봄이 되면 또 일하러 나가야 하지만 이 순간만큼은 노동에서 벗어나 즐기고 싶다. 풍요는 신의 상징이다. 풍요를 가져다주지 못하면 신의 자격이 없다. 그 풍요 속으로 들어가고 싶다. 신의 세계로 들어가 그 풍요로움을 맛보고 싶다. 샤먼은 우리를 신의 세계로 인도하는 축제 기획자이며 안내자다. 먼저 신의 세계를 경험한 샤먼이 알려주는 엑스터시의 경지는 황홀하다. 술과 노래와 안무는 우리를 엑스터시로 이끄는 해결책이다. 기획과 해결책이 있고 물질적 기반도 준비되었다. 신을 만날 준비는 다 끝났다. 내가 신이 되는 순간을 기다린다. 축제가 시작되었다. 축제의 첫 단계로 가기 위해서는 모든 한계를 거부하는 의지가 절대적으로 필요하다.

1. 축지법과 둔갑술

삶이 피폐해질수록 인간은 더 많이 상상한다. 그 상상을 통해 다시 신을 만나거나 현실의 고단한 삶에 대해 일시적이나마 위로받기를 원한다. 중세 계급 사회는 근원적으로 불평등을 내재한 정치체제다. 자기 생애에 선군을 만나면 다행이겠지만 폭군을 만나거나 무능력한 군주를 만나면 그 일생은 불안하기 마련이다. 인구의 대부분이 농지를 중심으로 분포되어 있기 때문에 이주나 이민도 사실상 불가능하다. 추수철이 와도 거두어들일 곡식이 없다면 누구라도 절망하기 마련이다. 게다가 큰 난리라도 나면 그나마 있는 식량마저 강탈당한다. 16세기 말 조선의 실정이 바로 이랬다. 두 차례에 걸친 왜란 후에 남은 것은 폐허가 된 암울한 현실뿐이었다. 나라는 백성을 지키지 못하고 탐관오리는 오히려 가렴주구만 일삼았다. 이런 상황이 허균이 쓴 『홍길동전』의 시대적 배경이다. 살기 힘든 시대, 바로 그때 홍길동이 나타났다. 그러나 불행하게도 홍길동은 단 한 명뿐이다. 그러니 지난 달 전라도 나주에 나타났다는 홍길동이 함경도 북부까지 오려면 아직도 시간이 많이 필요하다. 현실은 하루하루가 힘든데 홍길동은 너무 멀리에 있다. 이때 허균의 상상력이 그 모든 문제를 해결한다.

길동은 즉시 초인草人 일곱을 만들어 주문을 외우고 혼백을 붙였다. 그러자 일곱 길동이 일시에 소리를 지르고 팔을 흔들어대니 어느 것이 진짜 길동인지 아무도 알지 못했다. 각각의 길동은 그 즉시 수하에 수백 명을 거느리고 팔도에 흩어졌다. 여덟 길동이 팔도에 다니며 신기한 재주를 부려 각 읍 창고의 곡식을 하룻밤에 종적 없이 가져가고 서울로 가는 봉물을 탈취하니 팔도의 각 읍은 일대 소동이 일어났다. (중략) 길동은 행여 돌아가는 길에 잡힐까 염려하여 둔갑법과 축지법으로 서둘러 소굴로 돌아왔다(허균 외, 2003: 28~31).

홍길동은 둔갑술을 이용해 자신의 분신 일곱을 만들어서 조선 팔도를 종횡무진하게 한다. 그 홍길동들은 축지법을 써서 시공간을 초월한다. 이제 민중에게 희망이 생겼다. 오늘 당장은 힘들어도 내일은 희망이 있다. 희망이 있으면 어려움은 더 이상 절망이 아니다. 축제는 힘든 현실과 내일에 대한 기대 사이에서 탄생한다. 둔갑술과 축지법이 이 기대를 가능하게 해준다. 둔갑술과 축지법은 팍팍한 현실을 벗어날 수 있는 유일한 방안이 되고 구세주가 되고 희망이 된다. 조선 중기 이후에 민간에서 내려오는 민담이나 설화 속의 주인공이 대개 홍길동과 유사한 능력을 가진 것은 그 때문이다. 기이한 사건이나 현상을 과학적으로 분석할 능력이 없었던 것은 비단 조선 후기 이후에 국한되지 않았지만 유독 조선 후기 이후에 『홍길동전』 같은 이야기가 확산되기 시작한 것은 시대적 배경과 관련이 깊다. 계룡산 도사의 전유물인 요술이 우리 주변의 영웅에 의해 재현되고 한 개인의 신비한 자랑거리였던 도술이 희망의 메시지가 된 것은 백성의 대응 방식이 시대 상황에 따라 변한 것을 반영하는 표징이다. 홍길동뿐만 아니라 임꺽정, 장길산, 임경업 등 실존 인물이 소설과 전설 속에서 주인공이 되어 다양한 모습으로 백성의 맺힌 한을 풀어준다.

조선 후기에 이와 같이 신비로운 행적에 싸인 영웅의 이야기가 유행한 것은 분명 조선 전기와는 다른 현상이었다. 돌파구가 없는 현실, 요지부동의 봉건체제, 태어날 때부터, 아니 태어나기도 전에 굳어져버린 계급 구조와 조선 성리학의 배타성은 백성들에게 마음 놓고 떠들고 춤출 공간을 허락하지 않았다. 오랑캐와 왜구가 조선 땅을 계속 유린하고 백성이 도탄에 빠져도 현실 정치는 더 이상 구세주가 되지 못한다. 허균의 『홍길동전』은 이 모든 것에 대한 상징이자 그 분출구였다. 소설과 전설 속의 주인공은 홍길동처럼 불우한 처지에 있지만 축지법과 둔갑술로 자신은 물론 주변 사람까지 해방시키는 영웅이 된다. 현실에서는 이 모든 것이 불가능하지만 상상 속에서는 모두 가능하다. 현실에서 얻기 힘든 축제가 백성의 상상 속에서 부활한다. 백성은 상상과 축지법과 둔갑술 속에서 축제를 발견한다. 축제 없이는 결코 살 수가 없기 때문이다.

2. '가랑잎으로 압록강을 건너시고'

축지법과 둔갑술에 대한 믿음은 이후로도 오랫동안 우리 정서에 남았고 최근 세까지 활용되었다. 믿음이나 신념, 혹은 그것에 기반을 둔 신화나 전설의 생명력은 결코 쉽게 소멸되거나 부정되지 않는다. 디지털 테크놀로지에 의해 모든 것이 설명되고 조작된다 하더라도 인간 그 자체는 아날로그의 산물이다. 인간의 두뇌 속에 있는 데이터가 다른 유기체에 이식된다고 해서 복사된 그 개체가 원본과 같은 생명체라고 볼 수는 없다. 데이터화되지 못한 많은 정보가 물리적 육체 위에 상흔으로, 때로는 관계 속에서 추억으로 남는다. 데이터를 넘어서는 것, 우리 안에 있는 전설은 데이터와 다른 차원으로 존재한다.

유물론에 바탕을 두는 공산주의에서는 모든 것을 과학적으로 설명하는 것이 전제되어야 함에도 공산주의자 김일성의 항일투쟁 기록은 많은 경우 '신비로운 행적'으로 가득 차 있다. 마르크스가 주창한 공산주의는 이전의 공상적 공산주의와는 질적으로 차원이 달랐다. 계급투쟁에 기반한 역사 해석과 유물론은 관념적인 해석을 철저하게 부정하고 과학적이며 실증적인 자료를 기반으로 삼았으며 이런 공산주의는 근대 계몽사상에 세례받은 젊은 지식인들에게 열렬히 환영받았다. 따라서 혁명가나 의식 있는 노동자가 되기 위해서는 주체적인 학습이 필요조건이었다. 역사의 발전 방향과 자본가 계급의 몰락, 공산주의 사회의 도래 등은 그저 낭만적 이상이 아니라 객관적으로 설명할 수 있는 사회현상이다. 먼저 깨우친 사람이 학습하고 함께 혁명의 길을 가기로 한 사람들을 학습시켜야 한다. 비과학적인 요소, 중세의 신화, 가부장제의 패러다임 등은 어떤 고정된 실체가 아니다. 그 하나하나의 허구성을 과학적으로 분석하고 해부하면서 자본가 계급이 만들어놓은 고정불변의 진리라고 하는 것을 타파해야 한다. 마르크스의 이론이 혁명의 이데올로기로 활용되면서 이제 공산주의자들은 무엇보다도 근대적 사고를 해야 했고 과학적 투쟁을 해야만 했다. 혁명 이론이 과학적 사고의 외피를 쓰고 역사에 최초로 등장한 것이다. 근대 서구 자본주의를 발흥시켰고 봉건의 악습으로부터 근대 계몽을 선도한 합리적이고 과학적인 사고방식이 자본주의를 극복할 혁명의 도구가 되었다. 이제 누가 더 대중을 냉정하고 합리적으로 조직하고 추동할 것인가 하는 헤게모니 싸움이 주요 쟁점이 된 것이다.

그러나 유물론을 수입하기에는 식민지 '조선'에 남아 있는 홍길동의 전설이 너무 강했다. 자생적 근대화의 길은 조선 성리학의 보수성과 고루한 유학자들의 폐쇄적인 세계관에 의해 이미 그 맹아가 꺾여버렸고 조선의 백성은 근대 시민이 되지 못한 채 어느 날 갑자기 공산주의라는 과학의 세례를 받아야만 했다. 혁명은 필요한데 백성은 학습할 준비가 되어 있지 못했다. 조선의 백성은 공산주의의 전사로서 혁명적 사고관을 갖는 대신 둔갑술과 축지법에 의한 천지개벽을 원했다.

지구의 반대쪽에서는 원자폭탄을 만들어낼 정도로 과학이 발달한 20세기의 중엽에 축지법이요, 둔갑술이요, 솔방울로 폭탄을 만들고 가랑잎으로 군사를 실어 날랐다는 전근대적인 영웅설화가 출현한 배경은 무엇일까? (중략) 김일성 전설은 1936년 김일성 부대가 장백으로 진출한 이후 본격적으로 장백 현의 조선 농민들 속에서 만들어지기 시작하여 보천보 전투 등의 성과에 힘입어 국경지대로 퍼지기 시작했다 (한홍구, 2003: 161).

아직도 김일성에 관한 객관적 자료를 남한과 북한 어디에서도 찾아보기 힘들고 그나마 인정할 만한 외국 자료마저 이런저런 이유로 손에 넣기가 쉽지 않아 김일성 전설에 관한 사회학적·인류학적 조사는 미진한 상태다. 한국전쟁의 상흔과 레드 콤플렉스가 가시지 않은 한국 사회의 정치적 지형상 모든 자료가 공개되어 연구자의 손에 넘어가기 위해서는 몇 단계가 필요하지만 그래도 몇몇 연구자에 의해 일부라도 조사·발굴된 것은 다행한 일이다. 김일성의 보천보 전투는 사실상 일종의 선전전이라는 것이 연구자들의 견해다. 당시 대중은 일제의 악랄한 탄압과 독립운동 진영의 계속된 패배로 절망에 빠져 있었다. 무엇인가 확실한 메시지가 필요한 시점이었다. 김일성은 대중의 이런 억눌린 심리를 알아채고 중무장한 유격대 100여 명을 동원해 가장 큰 전과를 올릴 수 있는 장소를 공격해 승리를 거두었다. 이 전투는 국내 언론에서 대서특필된 것은 물론이고 조선 백성에게는 홍길동이 부활한 것 같은 의미로 받아들여졌다.

김일성 전설의 핵심은 김일성은 반드시 승리해서 조선의 독립을 이룬다는 것이다. (중략) 당시 대중의 상당 부분은 축지법이나 둔갑술 등에 기대를 걸 만큼 낙후된 의식을 갖고 있었지만 그들이 일제의 강대함을 모를 만큼 어리석지는 않았다. (중략) 대중이 김일성에게 도술을 부리는 능력을 만들어줌으로써 정의로운 약자가 사악한 강자를 누를 수 있도록 힘을 실어주었다(한홍구, 2003: 163).

현재의 삶이 고단하지만 희망이 있다면, 그 희망을 가져다주는 사람이 있다면 그 사람은 누구라도 홍길동이 될 수 있다. 대중이 홍길동을, 홍길동의 축지법과 둔갑술을 직접 봐야만 하는 것은 아니다. 사람들은 믿음만으로도 힘든 시절을 버틸 수 있다. 김일성은 조선 민중을 계몽과 학습의 대상으로 삼기보다는 신화를 창조함으로써 희망을 주고 그 희망을 통해 가능성의 메시지를 전달한 것이다. 대중이 결코 물리적으로 가능하지 않은 이런 '요술'을 회자시킨 이유는 그 시대에 더는 다른 돌파구가 없었지만 결코 삶에 대한 애착을 포기할 수 없었기 때문이다.

3. 영화의 탄생

이제 서서히 불완전하지만 그래도 근대를 알리는 초침 소리가 한반도에서 들려오기 시작했다. 전기와 철도는 근대의 서곡을 알리는 상징이었다. 밤은 더 이상 불가항력의 시간이 아니고 기차는 축지법을 대신해서 근세의 공간을 축소시켰다. 아직도 전근대적인 분위기가 지배적이긴 했지만 최소한 신문명이 무엇인지는 조금씩 체득하기 시작했다. 일제는 효과적으로 식민지를 수탈하기 위해서 끊임없이 문명을 강요했고 조선의 백성은 자의 반 타의 반으로 그 세례를 받으면서 봉건의 유습으로부터 해방되어갔다. 자동차가 달리고 전화가 개통되고 모던 보이와 모던 걸이 경성을 활보하는 모습이 신문에 보도되면서 사람들은 홍길동의 시대가 이미 지나갔음을 인정할 수밖에 없었다. 그러나 홍길동이 사라졌다고 해서 희망까지 포기한 것은 아니었다. 다른 방안을 찾게 된 것이다. 조선에서 영화는 이렇게 축지법을 대신하여 등장했다. 봉건 유습에서 자유롭지 못한 식민지 백성이 현실에서 그 서러움을 해결할 방안을 찾는다는 것은 난망한 일이었다. 문명을 알아버려 더는 전설이 유효하지 않지만 아직도 축제가 필요한 조선 민중에게 영화는 탁월한 해결 방안이었다.

영화는 예술 장르 중에서 유일하게 시공간의 경계가 없는, 시공간을 초월하여 표현할 수 있는 장르다. 영화와 가장 유사한 장르인 연극은 본질상 물리적 한계 속에서만 표현된다. 연극에서 시간은 순차적으로 묘사되고 공간은 정적이며 변하지 않는다. 상징주의적 요소를 도입하더라도 연극은 기본적으로 리얼리즘의 소산이다. 배우의 음성과 연극의 스토리는 서사적 구조 안에서 현실성과 교차할 때 생명력을 획득한다. 연극에서 얻어낼 수 있는 최고의 미덕은 카타르시스다. 그러나 영화는 다른 차원의 엑스터시를 가져다준다. 민중은 연극이 있기 전에는 마당놀이 등을 통해 한을 풀어왔지만 이 한풀이만으로는 뭔가 부족했다. 그런데 영화는 모든 상상을 '현실적'으로 가능하게 해준다. 축지법과 둔갑술 그 이상이다. 하늘을 날아다니고 강을 뛰어넘는다. 총에 맞아도 죽지 않는다. 늘 최후의 승리자가 된다. 선남선녀의 러브 스토리까지 있다. 플래시백을 통해 과거로 돌아갈 수도 있고 특수 효과를 통해 슈퍼맨이 될 수도 있다. 영화는 이제 현실의 일부가 되어버렸다. 환상과 축제가 필요할 때 영화는 엑스터시로 가는 표를 나눠주었다.

> 일반이 손꼽아 기다리던 조선 고대소설 『장화홍련전』의 영화극은 단성사에서 초일을 내이자 만도滿都의 인기가 비등하여 조선에 상영관이 생긴 이후로 처음 보는 대성황을 이루었다. 최초의 예정은 십일일까지 상영할 작정이었으나 인기가 굉장하여 매일 밤 표를 사가지고도 입장치 못한 관객이 많았었고 또 시기를 놓친 이도 적지 아니하여 유감없이 해달라는 투서가 빗발치듯 오므로 십이일부터 십삼일 밤까지 양일간 연기하게 되었는데……(강준만, 2008: 155에서 재인용).

영화관을 나오면 다시 팍팍한 현실이 기다리고 있지만 영화를 보고 있을 때만큼은 아무런 근심도, 걱정도 없다. 어차피 축제는 늘 열리는 것이 아니다. 인생의 대부분은 노동하면서 보내도록 되어 있다. 가끔씩 가서 즐길 수 있는 곳이 있으면 된다. 그러나 단순한 위락을 원하는 것은 아니다. 그 순간에는 모든 것이 가능해야 한다. 내가 상상한 모든 것이 이루어져야 한다. 꿈에서처럼 스크린 위에서도 불가능이 없어야 한다. 영화는 그 모든 욕망을 수용한다. 강요된 근대화로 한 발은 조선에, 다른 한 발은 근대에 걸쳐놓은 조선 민중은 영화를 통해 잠시나마 시공간을 초월한 신의 경지, 엑스터시를 맛보면서 서서히 근대적 축제의 자장磁場 안으로 들어오기 시작했다.

4. 사이버 스페이스 속에서

문명이 점점 발달하여 전 시대보다 상대적으로 편안한 생활을 누리고 있는 오늘이지만 결코 삶의 질까지 높아졌다고 볼 수는 없다. 오히려 어떤 면에서는 더 힘든 삶을 영위한다고 볼 수도 있다. 지금은 자연과학이 맹아 상태에도 이르지 못한 조선시대가 아니라 모든 것이 과학의 이름으로 이해·분석되는 지식의 최첨단 시대다. 사람들은 더 이상 둔갑술과 축지법 같은 요술을 믿지 않는다. 그것이 물리적으로 불가능하다는 사실을 누구나 다 안다. 종교도 과학과 동떨어져서는 안 된다. 최소한도의 교집합 정도는 공유해야 사람들이 안심한다. 성경에는 죽은 자를 살린 예수의 이야기가 있지만 어느 교회의 목사가 시신을 앞에 놓고 안수기도를 한다면 성도들은 목사의 신앙심을 칭송하기 전에 교회를 떠날 것이다. 신앙이 할 수 있는 일은 마음의 위로 정도로 축소되고 만다. 그러나 인간은 그 위로만으로는 결코 만족하지 않는다. 현실은 시대를 막론하고 늘 힘든 것으로 가득 차 있다. 태평성대란 표현은 후세에 만들어진 미사여구다. 인간이 사는 시대는 늘 문제가 있기 마련이다. 문제가 있으면 사람들은 해결 방안을 찾아 나선다. 둔갑술과 축지법이 사라진 지금 사람들은 다시 시공간을 초월하는 방법을 찾아냈다. 사이버 스페이스는 그렇게 탄생했다.

사이버 공간상에서 개인은 전혀 다른 사회적 역할을 수행할 뿐 아니라 새로운 인간관계를 형성한다. 그리고 현실과는 완전히 다른 상상세계의 구성원이 되어 현실에서 할 수 없는 다양한 일을 한다(황상민, 2000: 79).

이 공간(사이버 공간)은 현실적으로 나타나기 불가능했던 소망하는 모습이나 억제된 욕구를 쉽게 표현할 수 있는 기회를 제공한다(황상민, 2000: 81).

사이버 공간에서는 모든 것이 가능하다. 그곳은 현실이 아니지만 현실과 유사하게 운영되고 체험되는 가상현실이다. 나는 다양한 모습의 아바타로 변해 가상공간에서 유영하며 새 사람들과 만나 신나는 일을 벌인다. 내가 만나는 사람들은 전 세계 모든 사람이고 내가 원하면 어느 때라도 그들과 조우할 수 있다. 가상공간에서는 둔갑술과 축지법이 자연스럽게 실현된다. 현실의 나와 가상공간 속의 내가 구별되지 않는다. 술과 춤과 노래가 만들어준 엑스터시의 세계, 현실의 나와 도취된 내가 하나되는 경지를 이제 디지털 테크놀로지가 만들어준다. 인터넷과 네트워크 게임, 3D 콘텐츠는 각박한 현실을 잊게 해주고 엑스터시의 세계로 나를 안내한다. 오프라인 속에서만 존재하던 축제를 이제는 온라인 속에서 즐길 수 있다. 땀 냄새가 물씬 풍기는 집단 가무에서 벗어나 무수한 익명의 타자와의 교류를 통해 현실을 초월한 나를 만난다. 나는 가면무도회의 주인공이다. 더 이상 나를 드러내지 않고도 함께 존재하며 즐길 수 있다. 전설 속에서만 존재하던 축지법이 영화를 거쳐 사이버 공간으로 이동했다. 그리고 내가 그 축지법과 둔갑술의 주인공이 된 것이다. 사람들은 어디에서든 네트워크를 통해 소통한다. 소통을 막는 것은 더 이상 존재하지 않는다. 유비쿼터스 컴퓨팅은 이제 일상이 되었다. 유비쿼터스는 유토피아의 다른 이름이 되었고 이제 사람들은 어디에서나 쉽게 축제의 현장으로 빠져들 수 있다.

5. 축제와 인간

　노동이 인간이 인간임을 끊임없이 확인시켜 주는 과정이라면 축제는 인간이 인간이 아닐 수도 있다는 하나의 가능성이다. 물질적 한계를 외피로 하지만 그 안에는 영성이 있어서 죽어 흙으로 돌아갈 수도 있고 때로는 신과 같은 경지에 올라갈 수도 있다. 성서 창세기에 나오는 '아담과 하와' 이야기는 노동과 축제가 가장 인간적인 행위임을 보여준다. 실락원 이전의 인간에게는 노동이 필요 없었다. 모든 것이 완비된 상태였고 신과 대화할 수도 있었다. 죽음도 없었고 출생의 고통도 없었다. 인간이 아니라 신의 다른 형태였던 것이다. 실락원 이후 비로소 인간은 노동을 통해 자립을 배우고 고통을 겪고 생명을 탄생시킨다. 그리고 늘 죽음의 그림자가 어른거리는 시공간의 제약 속에서 호흡한다. 인간이 탄생한 것이다. 신과 분리된 이 인간은, 그러나 에덴의 추억을 결코 잊지 못한다. 잠시나마 신이었던 그 시절로 돌아가지 않으면 안 된다. 신은 인간에게 그 영성만은 남겨두었다. 생존을 위한 노동의 절박함은 결코 가벼운 것이 아니다. 죽어 다시 신이 되기 전까지 끊임없이 낙원의 기쁨을 환기시켜 주어야만 한다. 축제는 그 낙원을 잠시 맛보는 것이다. 잠시 신이 되어 모든 제약—죽음까지도—을 뛰어넘고 내 안에 있는 모든 영성을 폭발적으로 발산하는 일련의 과정이다. 인간은 어느 환경에서도 결코 축제를 포기하지 않았다. 축제를 포기하는 것은 인간이 인간임을 부정하는 것이고 동물과 같은 수준으로 격하되는 것을 의미한다. 환경이 열악하면 상상력으로 버티고 기술이 발달하면 창조적 활용을 통하여 현실을 극복해낸다.

　축제를 기억하고 기획하고 설레임으로 준비하는 것은 다시 신이 되는 거듭남의 과정이고 정화의 과정이다. 선사시대에서 역사시대로, 고대에서 현대로 넘어오면서 축제는 다양한 모습으로 변화되어왔다. 노동의 외양이 많이 변모한 것처럼 축제의 겉모습 역시 여러 형태로 우리에게 다가왔다. 앞으로 또 어떤 모습으로 요술을 부릴지 모른다. 그러나 우리가 인간인 이상, 한때 신이었고 다시 신이 될 수 있는 가능성의 결정체인 이상 축제의 본질은 결코 변하지 않는다. 축제는 늘 우리 안에 상존해 있는 인간 본성의 주요 요소다. 신에게도, 동물에게도 없는 인간만의 특권이다.

강 축제를 흐르게 하라

강은 늘 우리에게 많은 이야기를 해준다. 오래전부터, 저 먼 곳으로부터 시작된 강은 많은 이야기를 품고 있다. 강은 시간과 공간을 모두 포용하고 흐른다. 강의 시작은 저 깊은 산의 작은 샘이다. 그 샘에서 시작된 조그만 물줄기가 산속의 이야기를 담아 흐른다. 산은 계곡을 흐르는 물줄기를 통해 자신의 이야기를 강으로 보낸다. 산의 이야기가 강으로 들어오고 강은 여러 산에서 흘러온 이야기들을 노래한다. 강에는 많은 산의 이야기가 있다. 산에서 강으로 오는 시간은 길다. 천천히 오랜 기간에 걸쳐 온다. 태고부터 산은 있었고 물은 흘렀다. 물은 에덴 시절부터 흘러 강이 되었다. 강에는 많은 전설이 있다. 긴 시간 동안 여러 곳에서 흘러 들어온 많은 하천이 모여 전설이 되고 신화가 된다. 그리하여 강은 살아 있는 모든 것의 고향이 되고 노래가 된다. 어머니의 어머니, 또 그 어머니의 어머니가 들려주는 강의 이야기는 강의 이야기이면서 산의 이야기이고 산에서 강으로 내려오면서 만난 많은 사람의 이야기다.

강은 계속 흐르면서 노래한다. 흐르면서 노래하는 것이 강이고 동시에 사람이다. 삶은 강처럼 흐른다. 우리의 시공간은 늘 끊임없이 흐른다. 흐르는 삶 속에서 노래한다. 노래는 흐름 속에서 나온다. 노래는 지난 삶의 흔적이고 그

흔적에 대한 애정이다. 흔적은 오래전 어머니의 그 어머니로부터 시작된 이야기다. 태고의 이야기가 세대를 거쳐 내려와 우리의 이야기가 되었다. 흐름에서 노래가 나오고 노래를 부르면서 축제가 열린다. 가벼운 어깨춤에서 축제가 시작된다. 어느 한 사람의 입에서 시작된 노래는 이내 주변을 감싸고 휘돈다. 노래가 사람 사이를 흐른다. 흐르면서 노래는 축제가 된다. 사람들 사이를 흐르는 노래는 사람들을 춤추게 한다. 노래가 흘러 춤이 되고 사람들은 춤을 추면서 축제를 시작한다. 축제는 강처럼 흐름에서 시작되고 흐름을 통하여 이어진다. 강이 흐름을 멈추면 축제도 노래를 그친다. 흐름이 없다는 것은 반反생명을 의미한다. 강이 흐름을 그치는 순간 강 아래 생명체도, 강가의 식물도, 강 위를 나는 새들도 모두 소멸된다. 썩어 부패하고 주검만이 떠돌다가 이내 그마저 분해되고 아무것도 없는 소멸의 공간이 된다. 죽음 앞에서는 시간도 흐르지 않는다. 흐름이 멈추면 노래가 끝나고 사람들은 긴 적막의 시간 속에서 죽음을 기다린다. 노래가 없는 죽음은 그저 소멸이고 두려움이다.

그러나 바로 여기, 이 지점에서 사람은, 그리고 생명체는 저항하고 투쟁하면서 모든 반흐름의 명령을 거역하고 흐름의 생태학을 복원시킨다. 생명은 흘러야 하기 때문이다. 고여 있으면 안 된다. 때로는 고여 있을지라도 이내 흘러야 한다. 반흐름은 피를 부른다. 반흐름은 피 흘림을 통해 흐름의 자리로 복귀한다. 피는 생명이다. 피는 생명을 생명이게 한다. 피는 생명체 내에서 흐르며 생명을 유지시키고 외부로 흐르면서 모든 반흐름과 반생명을 복원시킨다. 흐름의 생태학으로 복원시킨다. 그리하여 강은 피고, 노래고, 흐름이고, 축제다. 축제의 시작이 피 흘림에서 비롯되는 이유가 여기에 있다. 예수의 피 흘림에서 사랑의 공동체가 시작되었고 프랑스 민중의 유혈 속에서 혁명이 완성된 것처럼 말이다. 강이 흐르는 것은, 결국 모든 것을 넘고 돌면서 끊임없이 소통하고자 하는 사랑이 그 안에 있기 때문이다. 강을 이야기하면서 축제를 이야기하는 것은 모든 것이 흐름 속에서 생명임을 확인하는 과정이기 때문이다. 따라서 이것은 강의 이야기이면서, 또 강의 이야기가 아니다. 아니, 강을 포함한 모든 살아 있는 것의 흐름에 관한 이야기다. 강이 흐르듯 우리도 흐르고 축제도 흐른다. 그 흐름 한가운데에 축제가 있다. 모든 것을 흐르게 하라.

1. 강, 흐름

스스로 자연의 일부이면서 동시에 끊임없이 인공물을 만들어내는 존재, 늘 자연과 인공의 경계에서 소멸과 영원을 순환하는 존재, 모든 생물체 중에서 유일하게 인공물을 만들어내고 그 인공물에 의해 규정받는 존재가 사람이다. 인간에게 자연은 태어난 곳이고 돌아갈 곳이지만 동시에 개척하고 발전시켜야 하는 것이기도 하다. 인류의 역사는 인간과 자연이 맺어온 관계의 역사이기도 하다. 세련된 인공물을 계속 만들어내고 그것들이 점차 우리의 모든 일상을 지배하면서 사람들은 고도 문명사회로 진입했다고 자위하지만, 결국 자연과의 거리가 멀어지면서 인간의 본성은 반자연적이고 반환경적으로 변질되어간다. 하나의 생물체로서 자연 질서에 의해 생성과 소멸이 순환되는 존재인 인간이 인공의 도움으로 자연 질서를 벗어나면서 스스로를 재규정하고 결국 자기모순에 빠진다. 인공은 탄생이 아니라 제조되는 것이며 결코 순환하지 않는다.

축제는 인공의 시대에 인간이 자연적 존재임을 확인하는 과정이다. 인공물은 우리에게 다양한 편안함을 가져다준다. 그 쾌적함의 기억이 너무 강해서 다시 자연의 세계로 회귀한다는 것은 악몽과도 같다. 그러나 이는 일시적이다. 인간은 소멸되는 존재다. 그 쾌적함이 소멸의 두려움까지 상쇄시키지는 못한다. 안락함이 가져다주는 쾌락은 결국 찰나에 불과하다. 찰나적 쾌락은 깨지고 난

후 오히려 더 큰 금단현상을 불러온다. 찰나적 쾌락의 허무함을 깨닫는 순간에 축제가 등장한다. 축제는 소멸을 영원으로 변화시킨다. 축제는 인공의 편리함이 가져다주는 순간적 쾌락에서 벗어나 자연과의 합일을 통한 순환적이고도 영원한 삶을 보여준다. 축제는 끊임없이 자연으로 돌아가는 과정이다. 어머니의 자궁, 에덴, 고향, 자연 그리고 생명체인 우리의 본 모습으로 돌아가는 과정이다. 거기에는 인공이 없다. 살아 있는 모든 것의 조화와 순환만이 있을 뿐이다.

우리는 축제가 인간의 사회적 행위 중의 하나라고 규정하는 순간 축제의 본 모습을 놓친다. 축제는 사회적이면서 동시에 종교적이고 또한 생명운동이기도 하다. 모든 반생명과의 투쟁이 축제의 본질 중 하나다. 종교적 심성으로 살아 있는 것에 대한 애정을 표시하고 스스로 살아 있음을 확인하는 것이 축제의 본 모습이다. 인공은 최소한의 수준에서 멈추어야 한다. 또는 자연과 조화되는 인공이어야 한다. 자연을 거스르는 순간 인공은 재앙이 되고 인간은 인공물의 하수인으로 전락한다. 이 순간 축제는 생명운동이 된다. 자연을 복원시키는 것, 원래 있던 자리로 되돌려놓는 것이 축제의 시작이다.

자연은 늘 스스로 있어왔다. 흐름 속에서 순환해왔다. 물은 흐르다가 바위가 있으면 돌아가고 바람은 불다가 산을 만나면 계곡으로 내려간다. 이렇듯 자연은 늘 흐르면서 다른 생명체와의 관계를 맺어왔다. 축제 역시, 내면의 영성이 막힘없이 흐르는 상태를 의미한다. 개인의 영성이 합해져서 바람이 불고 그 바람이 흐르고 흘러 집단 영성의 큰 바람이 되는 과정, 모두가 사랑하는 공동체가 마음 안에서 형성되는 순간으로 향하는 과정이 바로 축제다. 그 과정 속에는 막힘이 없어야 한다. 막히는 순간, 소통이 불가능한 순간에 자연은 썩고 축제는 부패한다.

2. 강, 축제의 시작

　문명은 강에 그 기원을 두고 있다. 오랜 원시의 시간에서 벗어나 사람들이
역사의 시기에 들어섰을 때 그 중심에 강이 있었다. 강은 모든 생명체의 모성이
고 자양이었다. 강과 사람의 대화가 가능해지면서 강은 사람에게 정착을 허용했
고 사람들은 강의 노래를 들으면서 문명을 만들어나가기 시작했다. 세계 4대
문명의 발상지는 모두 강가였다. 황하 문명에서 이집트 문명까지, 문명이 발흥
한 곳에는 반드시 도저하게 흐르는 물줄기가 있었다. 인더스 문명을 생각할
때 우리는 먼저 인더스 강의 그 넓은 물결을 떠올린다. 인더스 강은 인더스
평원의 근원이다. 물과 퇴적물이 계속 공급되었기 때문에 인더스 평원에서는
풍요로운 수확물을 거둘 수 있었다. 이집트 문명은 나일 강 없이는 상상할
수가 없다. 고대 희랍의 역사가 헤로도투스Herodotos가 "이집트는 나일 강의
선물"이라고 말한 것은 이집트 문명과 나일 강의 관계를 상징적으로 보여준다.
이집트인들은 나일 강의 수위에 따라 축제를 벌였다. 나일 강의 수위가 일정
정도 높이에 이르면 풍년을 예상했고 미리 축제를 즐겼다. 강이 사람들에게
축제를 선물한 것이다. 중국인들은 황하를 어머니의 강이라고 부른다. 한漢민
족의 기원이 황하다. 인류의 가장 오랜 문명은 티그리스 강과 유프라테스 강
사이, 비옥한 초생달이라 부르는 메소포타미아에서 시작되었다. 이곳에서 문명
의 첫 여명이 시작되었고 도시와 문자가 만들어졌다. 수메르인들은 기록을 통해
메소포타미아 지역에 큰 범람이 있었고 그 범람 후에 다시 평화가 왔다는 이야
기를 전한다. 그들에게 강은 창조주의 뜻이기도 하고 분신이기도 했다. 강은
이렇듯 인간에게 자연과 더불어, 자연을 활용하면서 사는 법을 알려주었다.
강의 범람도 문명의 진보를 위한 선물이었다. 나일 강의 범람은 기하학과 천문
학의 기초가 되었고 티그리스 강과 유프라테스 강의 범람은 치수와 관개 능력의

발전을 가져왔다. 범람은 혼돈과 무질서가 아니고 자연 질서의 한 모습이다.
자연은 다양한 모습으로 다가오고 사람들은 그 여러 모습에 적응하면서 살아왔
다. 자연을 이해하고 더불어 사는 방식을 터득하는 것, 당시 인공의 모습은
여기까지였다. 사람들은 자연을 막고 거스르는 것이 아니라 모든 흐름을 자연의
한 부분으로 인식했다. 자연을 잘 이해하는 것, 천문과 기하학을 통해 범람
후에 다시 경작을 시작하는 것, 이것이 학문이었고 인공이었다.

사람들은 강가에서 문명을 만들어나가면서 생산력을 향상시켰고 풍요로운
생활을 할 수 있었다. 원시적 축제에서 벗어나 감사의 축제를 즐길 수 있었다.
하루하루 일용할 양식을 위해 신에게 기도 드리던 절박한 축제에서 벗어나
가을의 풍요로움과 겨울의 휴식에 대해 감사할 수 있는 축제를 즐길 수 있게
되었다. 강은 경작을 위해 물을 공급하는 역할만 한 것이 아니다. 강 자체가
식량이기도 했다. 강은 식수원이었고 모든 종류의 물고기와 어패류가 성장하는
공간이었다. 모든 민족의 신화에 반드시 물의 정령이 있는 것은 이 때문이다.
축제는 풍요로움에서 출발한다. 당장 풍요롭지는 않더라도 최소한 풍요로움이
예측되는 순간에 축제가 시작된다. 흐르는 강은 인간에게 풍요로움을 약속한다.
그 약속을 믿고 강과 더불어 인간은 축제를 시작한다. 오랜 원시의 시절, 삶과
죽음이 늘 한순간에 결정되던 야만의 시절에서 돌아와 이제 예측할 수 있는
강의 흐름 속에 모든 것을 맡기고 함께 노래 부르면서 인간은 축제를 즐기기
시작했다. 더불어 노래 부르기 시작했다.

3. 강, 생명의 통로

강과 축제는 생명의 통로다. 강은 산과 바다를 이어주면서 모든 유기체가

끊임없이 순환하게 만들어 살아 있는 것을 풍요롭게 한다. 축제는 유한한 인간을 신의 세계로 인도하는 통로다. 소멸과 영원 사이에서 늘 불안한 미래를 고민하는 인간이 신의 세계, 그 영원의 세계를 맛볼 수 있는 기회가 축제다. 연어는 하천에서 태어나 바다로 가서 생활한 다음 모천母川으로 회귀한다. 연어가 모천으로 회귀하는 과정은 한 편의 드라마다. 오래전 고향에 대한 기억만이 연어가 강줄기를 거슬러 오르게 하는 유일한 원동력이다. 연어는 생명에 대한 강한 의지로 강줄기를 거슬러 올라간다. 그러나 바다로 향하는 강줄기는 거세다. 노래처럼 굽이굽이 휘돌기도 하고 거센 물결을 일으키며 포효하기도 한다. 그러나 살아 있는 강은 연어를 거부하지 않는다. 연어는 그 강을 거슬러 올라가면서 고향으로 더 가까이 간다. 이윽고 고향에 도착한 연어는 그곳에서 생을 마감한다. 연어는 태어난 곳에서 죽기 위하여 기꺼이 수천 킬로미터의 여정을 감수하고 오랜 순례의 길, 마지막 장소에서 알을 낳고 여정을 끝낸다. 알에서 부화한 새끼들은 어미의 몸에 있던 영양분으로 스스로 살아갈 준비를 해나간다. 강을 거슬러 온 연어는 죽었지만 그 연어는 자신의 모든 이야기를 새끼 연어에게 전해주고 새끼 연어는 다시 엄마 연어를 통해서, 그리고 엄마 연어의 고향인 강을 통해서 생명을 키워나간다. 연어는 세대를 통해 강의 이야기를 공유한다. 새끼 연어는 다시 강을 내려가 저 먼 바다에서 오랜 시간을 보내고 스스로 강물을 거슬러 오르기까지 성장하는 동안에도 강에 대한 추억을 결코 잊지 않는다. 다시 어린 시절의 그 강으로 돌아가기 위하여 준비하고 기다린다. 기억들이 모이고 그 강으로부터 시작된 노래가 조금씩 들려오기 시작할 때 연어는 떼지어 긴 여정을 시작한다. 태어난 그곳으로, 그 강가로, 그곳이 양양 남대천이건 섬진강 상류이건 혹은 밴쿠버 계곡이건 태어난 그곳으로 회귀한다. 이때 강은 모천이 되고 연어는 그 모천의 새끼들이 된다. 엄마 연어에 대한 기억은 강을 통해 전달된다. 강을 거슬러 올라가면서, 강과 이야기를 나누면서 연어는 강과 하나가 되고 강의 이야기가 된다. 강과 함께 노래하면서 축제의 행렬을 이어나간다. 연어 수천만 마리가 강을 거슬러 올라가는 과정 자체가 하나의 축제다. 오랜 바다 생활, 그 일상에서 벗어나 오래전 기억에만 존재하던 곳으로 회귀하는 과정은 마치 인간의 영성 회복과도 같다. 우리는 늘 일상의 고단함에 묻혀 산다. 한때 신과 더불어 에덴에서 즐거이 노닐던 기억은 오래전에 망각했다. 흙으로 돌아가야만 하는 유한체가 어느 날, 에덴의 추억을 못 잊어 일상의 강물을 거슬러 올라가서 영성을 회복하는 과정이 축제다. 연어는 강을 통하여 태곳적 고향에 귀의하고 인간은 축제를 통하여 영성을 회복한다. 이렇게 강과 축제는 생명이 생명을 찾아가는 통로다. 통로는 계속 열려 있어야 한다. 강은 계속 흘러야 한다. 축제 역시 늘 열려서 흘러야 한다.

공장에서 배출한 오염 물질에 강이 썩어 들어가기 시작하면 강은 소통을 중지한다. 댐이 만들어지면 연어의 귀향은 무산된다. 불행히도 오늘날 댐은 계속 만들어지고 회귀성 어류는 이에 비례하여 감소하고 있다. 곳곳에 도사리고 있는 콘크리트 보洑 역시 재앙이다. 흐름을 단절시켜 귀향을 불가능하게 만든다. 생명의 순환이 정지되고 모든 것이 썩기 시작한다. 소통이 되지 않는 강은 썩은 강이고 생명력을 복원시키지 못하는 죽음의 강이다. 축제는 강이고 소통이다. 축제가 없는 인간은 동물과 다르지 않다. 그것은 생명체이긴 하지만 영성과는 거리가 먼, 단지 본능에 의해 호흡하는 존재일 뿐이다. 콘크리트 구조물에 갇혀 호흡이 끊어져가는 괴물에 불과하다.

4. 강, 노래

노래는 늘 흐른다. 노래는 어린아이의 호흡에서 시작된다. 새근거리는 그

숨소리에서 노래는 시작된다. 깨어서 엄마를 찾는 어린아이의 울음 또한 노래다. 젖을 빠는 아이의 모습과 그 모습 위를 흐르는 웃음이 노래다. 아이의 모든 호흡이 노래다. 생명체에서 나오는 그 모든 소리가 노래다. 호흡에서 시작된 노래는 멈추지 않는다. 호흡이 결코 멈추어서는 안 되는 것처럼, 호흡이 늘 흐르는 것처럼 노래 또한 멈추지 않고 늘 흐른다. 어린아이의 호흡에서 시작된 노래는 엄마의 웃음소리가 더해져 흐르기 시작한다. 흐르는 노래는 서서히 강으로 모인다. 여러 사람의 호흡과 노래와 시가 모여서 강을 이루고 흐르기 시작한다. 강은 노래하고 화답한다. 강에는 또한 강의 노래가 있다. 강은 여러 모습으로 우리에게 늘 노래를 들려준다. 강 아래에서부터 강가를 거쳐 강 위에 이르기까지 많은 생명체가 늘 노래 부르며 강과 더불어 살아가고 있다. 강은 그 모든 것을 포용하면서 흐르고 더불어 노래 부른다. 아이의 호흡에서 시작된 노래와 강이 들려주는 노래는 하나가 되어 다시 강과 우리에게 들려온다. 노래를 통해 강과 사람은 하나가 된다. 이 모든 것은 흐름이다. 노래도, 강물도 다 흐름이고 생명이다.

강의 노래는 그치지 않는다. 계절에 따라 다르고, 하루에도 여러 차례 다양한 노래가 들려오지만 결코 멈추는 적이 없다. 강이 살아 있기 때문이다. 강 아래에도 생명이 있고 강가에도 삶이 있다. 하늘을 나는 새는 늘 노래한다. 바람은 물결을 일으켜 강을 노래하게 하고 강은 바람과 더불어 춤추며 노래한다. 이렇게 늘 살아 있는 것과 더불어 강은 노래를 한다. 사람들의 노랫소리 또한 그치지 않는다. 모내기를 하면서 노래를 하고 밭매기를 하면서 소리를 한다. 나무꾼의 지게에서도 노래가 흘러나오고 혹부리 영감의 혹에서도 노래가 나온다. 아낙네들의 빨래터에도 노래가 있고 해녀들이 물질하는 곳에도 노래가 있다. 노를 저으면서 노래를 하고 상여를 매고 가는 그 길에서도 소리를 한다. 노래는 우리 삶에서 끊이지 않는다. 누군가의 노래가 계속 이어지고 그것을 다시 받아서 내 노래가 이어진다. 노래는 늘 우리 삶의 한가운데를 흐른다.

축제 또한 모든 생명체와 더불어 노래 부르는 일이다. 살아 있는 모든 것에는 노래가 있다. 그 모든 노래가 합해져서 하나로 울릴 때 축제가 시작되고 완성된다. 그래서 강이 축제고 사람이 축제다. 강과 사람이 만나 흐르는 것, 노래 부르는 것이 축제다. 노래와 강은 흐름으로 시작해서 흐름을 거쳐 축제로 만난다. 노래가 축제인 이유가 이것이다. 내 안에서 시작된 노래가 강을 거쳐 다시 우리에게 돌아올 때 축제는 시작되고 완성된다. 흐르지 않은 강은 생명이 아니고 축제가 아니듯 우리의 영성과 공명하지 못하는 노래는 축제가 아니다. 살아 있는 모든 것을 생명으로 받아들이고 그것들을 자유롭게 흐르게 할 때 노래와 강은 하나가 되고 노래는 축제가 된다.

어린아이의 호흡에서 시작된 노래는 우리 삶의 여러 마당을 지나면서 조금씩 커지기 시작하고 순환하면서 흐른다. 탄생의 울음소리와 북망산천 가는 길에 들려오는 상여곡은 결코 다른 노래가 아니다. 인생은 순환한다. 떠나보낸 임이 다시 꽃으로 피고 비가 되어 내리고 생명으로 태어난다. 심심유곡深深幽谷에서 시작된 조그만 물줄기가 시냇물이 되고 여울이 되고 강이 되면서 다시 또 보내고 만나는 것은 늘 탄생과 이별이 공존하기 때문이다. 축제는 노래와 강물을 품고 흐른다. 축제는 죽음과 이별에 대한 우리의 그 서러운 마음에서 출발하지만, 그러나 이내 영원한 삶이 항상 우리와 함께 있음을 희열하면서 순환한다. 그리하여 강은 노래고 축제다.

5. 강, 흐르게 하라

강에서 시작된 문명은 점차 여러 곳으로 확산되었고 사람들은 조금씩 강을 잊기 시작했다. 강은 그저 상수원이거나 하수구였다. 강과 더불어 사는 것이 아니라 그저 착취의 대상으로만 이용했다. 강과 더불어 소통하는 것이 아니라 강과 단절하면서 소통을 끊었고 강을 타자화시켰다. 강은 이제 대화의 상대가 아니고, 단지 자본을 확대하기 위한 통로에 불과했다. 근대는 강을 배반하면서 시작되었다. 영국 템스 강의 이야기는 강에서 멀리 떠났다가 되돌아온 '근대'라는 탕자의 자서전이다. 템스 강은 수도 런던을 거쳐 북해로 들어가는 깨끗한 하천이었다. 그러나 공업화가 계속되고 도시인구가 급격히 증가하면서 점차 오염되기 시작했다. 산업 폐수와 생활하수가 계속 유입되면서 강은 죽어갔다. 강물이 오염되자 수인성 전염병인 콜레라가 창궐했고, 그 결과 1854년에는 2만여 명이 사망했다. 강을 남용하면서 사람들은 강에게 버림받았고 강은 오염되면서 죽어갔다. 연어는 고향을 잃었고 담수어는 생명을 잃었다. 사람들은 노래를 잊었고 런던은 템스 강을 잃었다. 탕자가 돌아온 것은 오랜 시간이 지난 다음, 더는 어찌할 수 없게 되었을 때, 다시 템스 강의 노래가 사무쳐질 때였다. 사람들은 템스 강을 살리기 위해 노력했고 템스 강은 조금씩 생명 있는 것의 통로가 되면서 100년 만에 귀향하는 연어를 반갑게 맞아주었다. 강은 다시 흐르고 노래가 되고 고향이 되었다. 죽음의 강에서 축제의 강으로 변한 것이다.

댐에 의해서도 강은 노래를 잃는다. 댐은 지난 세기, 그리고 일부에서는 아직도 진보의 상징이다. 자연을 정복하여 순치시키고 이용하는 그 중심에 댐이 있다. 육중한 콘크리트 덩어리로 이루어진 댐은 그 거대함으로 보는 사람들을 압도해버린다. 1930년대에 건설된 미국의 후버 댐은 높이가 221미터다. 그 이후로 세계 도처에 후버 댐보다 높은 댐이 계속 건설되었고 지금도 매년 수많은 댐이 만들어지고 있다. 댐은 문명과 진보의 상징으로서 계속 만들어지고 강은 계속하여 반문명 혹은 무질서와 동의어가 되고 있다. 댐이 건설될수록 인간의 삶이 풍요로워진다는 믿음은 계속 유포되고 그에 비례하여 강은 서서히 죽어간다. 고인 물 안에서는 퇴적물이 썩어가고 토양은 서서히 파괴된다. 동식물의 이동 통로가 막혀 생태계의 질서가 깨지고 인위적으로 방류되는 고인 물은 하류의 수질 변화를 가져온다. 하천 생태계의 총체적인 파괴가 일어난다. 생명체와 더불어 노래하던 강은 이제 낮은 신음소리만 내고 말기 암 환자처럼 시한부 생명을 살고 있다. 댐은 그 모든 것을 빼앗아 갔고, 단지 약간의 편리함만 던져주고 늘 그 자리에서 흐르는 모든 것을 막고 있다.

그러나 바로 이 순간 사람들은 피를 흘려 강을 살리고 있다. 댐을 건설하려는 그 무모한 계획들을 좌절시키고 강을 지키고 있다. 강을 사랑하는 사람들은 캘리포니아 그랜드 캐니언의 댐 건설 계획을 무산시켰고 호주 태즈메이니아 섬의 프랭클린 댐 건설 계획을 취소시켰다. 우리나라의 아름다운 동강 역시 많은 사람의 헌신으로 지켜낼 수 있었다. 세계 여러 곳에서 계속 강을 흐르게 하기 위한 투쟁이 진행 중이지만 여전히 많은 강이 댐 안에 갇혀 있다. 댐 건설 계획을 중단해야 하고 기한이 다 된 콘크리트 덩어리는 해체해야 한다. 댐을 해체해야 강이 산다. 물이 흘러야 강이 노래하고 연어가 돌아온다.

1999년에 해체된 미국 메인Maine 주 케네벡Kennebec 강 하류의 에드워즈Edwards 댐은, 소유자의 반대에도 불구하고 환경을 이유로 철거가 명령된 첫 번째 댐이다. (중략) 해체 일 년 후, 회귀성 어종인 대서양 연안산 청어alewife 수백만 마리가 무리를 지어 지난 170년간 씨가 말랐던 강 상류에 나타났다(맥컬리, 2001: 547).

축제는 자연과 더불어 호흡하는 법을 조금씩 배워나가는 과정이다. 희열은 어느 날 갑자기 찾아오는 것이 아니다. 축제는 자연과 더불어 호흡하면서 자연의 흐름을 이해하고 모든 생명체를 내 안으로 불러들여 함께할 때 시작된다.

우리의 축제는 우리의 생태학이다. 강을 흐르게 해야 한다. 축제를 축제답게 하기 위하여 생태계를 복원시켜야 한다. 우리 모두는 자연의 한 부분이고 강의 자식들이다.

강내희 외. 1999. 『혁명의 문화사: 프랑스혁명에서 사빠띠스따까지』. 이후.

강준만. 2006. 『축구는 한국이다: 한국 축구 124년사, 1882~2006』. 인물과사상사.

______. 2007. 『한국 근대사 산책 1, 2, 3, 4, 5』(전 5권). 인물과사상사.

______. 2008. 『한국 근대사 산책 7』. 인물과사상사.

강준식. 2002. 『다시 읽는 하멜 표류기』. 웅진지식하우스.

권지희 외. 2008. 『촛불이 민주주의다』. 해피스토리.

김광운. 2003. 『북한 정치사 연구 I 』. 선인.

김용옥. 1999. 『노자와 21세기』. 통나무

______. 2007. 『요한복음강해』. 통나무.

______. 2008a. 『논어한글역주 1, 2, 3』(전 3권). 통나무.

______. 2008b. 『도올의 도마복음이야기 1: 이집트·이스라엘 초기기독교 성지순례기』.
　　　통나무.

______. 2008c. 『큐복음서: 신약성서 속의 예수의 참 모습, 참 말씀』. 통나무.

김인호. 2006. 『백화점의 문화사: 근대의 탄생과 욕망의 시공간』. 살림.

김종엽. 1997. 『웃음의 해석학, 행복의 정치학』. 한나래.

김춘식·남치호. 2002. 『세계 축제경영』. 김영사.

네그리, 안토니오 Antonio Negri·하트, 마이클 Michael Hardt. 2008. 『다중: 「제국」이
　　　지배하는 시대의 전쟁과 민주주의』. 조정환·정남영·서창현 옮김. 세종서적.

노형석. 2005. 『한국 근대사의 풍경』. 생각의나무.

달, 로버트 Robert A. Dahl. 2004. 『미국 헌법과 민주주의』. 박상훈·박수형 옮김. 후마
　　　니타스.

드라이버, 스테파니 슈워츠 Stephanie Schwartz Driver. 2005. 『세계를 뒤흔든 독립 선언

서』. 안효상 옮김. 그린비.

로이트, 랄프 게오르크Ralf Georg Reuth. 2006. 『괴벨스, 대중 선동의 심리학』. 김태희 옮김. 교양인.

맥컬리, 패트릭Patrick McCully. 2001. 『소리잃은 강』. 강호정 외 옮김. 지식공작소.

모스, 조지L. George L. Mosse. 2008. 『대중의 국민화: 독일 대중은 어떻게 히틀러의 국민이 되었는가?』. 임지현·김지혜 옮김. 소나무.

모어, 토머스Thomas More. 2000. 『유토피아』. 황문수 옮김. 범우사.

밀렛, 케이트Kate Millett. 2009. 『성性 정치학』. 김전유경 옮김. 이후.

바알, 알프레드Alfred Wahl. 1999. 『축구의 역사』. 지현 옮김. 시공사.

박근서. 2006. 『코미디, 웃음과 행복의 텍스트』. 커뮤니케이션북스.

박상륭. 1986. 『죽음의 한 연구』. 문학과지성사.

박성조. 2008.7. 4. "FT '촛불시위'에 '불도저' 겸손해졌다". 《서울신문》, http://nownews.seoul.co.kr/news/newsView.php?id=20080704601006

반성택. 2007. 『아고라에서 광화문까지』. 아름나무.

벡, 울리히Ulrich Beck·벡-게른샤임, 엘리자베스Elizabeth Beck-Gernsheim. 1999. 『사랑은 지독한: 그러나 너무나 정상적인 혼란』. 강수경·권기술·배은경 옮김. 새물결.

벤게르숌, 에즈라Ezra BenGershom. 2005. 『웃음: 문화사로 본 유대인의 유머』. 이광일 옮김. 들녘.

보일, 데이비드David Boyle. 2005. 『세계를 뒤흔든 공산당 선언』. 유강은 옮김. 그린비.

보테로, 장Jean Bottero 외. 1996. 『사랑과 결혼 그리고 섹슈얼리티의 역사』. 이선희 옮김. 새로운사람들.

블로흐, 에른스트Ernst Boch. 2009. 『저항과 반역의 기독교』. 박설호 옮김. 열린책들.

사회과학출판사 엮음. 1989. 『주체사상의 사회역사원리』. 백산서당.

서정복. 2007. 『프랑스 혁명』. 살림.

서키, 클레이Clay Shirky. 2008. 『끌리고쏠리고들끓다: 새로운 사회와 대중의 탄생』. 송연석 옮김. 갤리온.

소르망, 기Guy Sorman. 2004. 『Made in USA: 미국 문명에 대한 새로운 시선』. 민유기·

조윤경 옮김. 문학세계사.

소불, 알베르Albert Soboul. 1994. 『프랑스 대혁명사 (상), (하)』(전 2권). 최갑수 옮김. 두레.

솔로브, 다니엘Daniel J. Solove. 2008. 『인터넷 세상과 평판의 미래』. 이승훈 옮김. 비즈니스맵.

송혜경. 2008.6.16. "폭력 NO! 노래? 춤은 OK!" ≪시사포커스≫, http://www. sisatoday.com/news/view.php?n=25442&p=&s=3&d=20080616

송호근. 2003. 『한국, 무슨 일이 일어나고 있나』. 삼성경제연구소.

슈와르츠, 바네사R. Vanessa R. Schwartz. 2006. 『구경꾼의 탄생: 세기말 파리. 시각문화의 폭발』. 노명우·박성일 옮김. 마티.

아고라페인들. 2008. 『대한민국 상식사전: 아고라』. 여우와두루미.

아리스토텔레스Aristoteles. 1999. 『시학』. 천병희 옮김. 문예출판사.

아리에스, 필립Philippe Aries. 2004. 『죽음 앞의 인간』. 고선일 옮김. 새물결.

안병섭. 1989. 『영화적 현실 상상적 현실』. 정음사.

안인희. 2003. 『게르만 신화 바그너 히틀러』. 민음사.

앤드루, 더들리Dudley Andrew. 1988. 『현대영화이론』. 조희문 옮김. 한길사.

에코, 움베르토Umberto Eco. 2002. 『장미의 이름 (상), (하)』(전 2권). 이윤기 옮김. 열린책들.

엥겔스, 프리드리히Friedrich Engels. 1985. 『가족의 기원: 루이스 H. 모오간 이론을 바탕으로』. 김대웅 옮김. 아침.

요시미 순야吉見後哉. 2004. 『박람회: 근대의 시선』. 이태문 옮김. 논형.

윈, 프랜시스Francis Wheen. 2001. 『마르크스 평전』. 정영목 옮김. 푸른숲.

유모토 고이치湯本豪一. 2004. 『일본 근대의 풍경』. 연구공간 수유 + 너머 '동아시아 근대 세미나 팀' 옮김. 그린비.

유현목. 1980. 『한국영화발달사』. 한진출판사.

윤선자. 2008. 『축제의 문화사』. 한길사.

이명구. 2007. 『이야기 한국고전문학사』. 박이정출판사.

이상일. 2007.5.13. "오바마의 '대담한 희망' 인종의 벽 넘을까". ≪중앙선데이≫, http://sunday.joins.com/article/view.asp?aid=1137

이세희. 2004. 『프랑스 혁명사 연구』. 부산대학교 출판부.

이인복. 1979. 『한국문학에 나타난 죽음의식의 사적 연구』. 열화당.

이종석. 2000. 『새로 쓴 현대 북한의 이해』. 역사비평사.

이현송. 2006. 『미국 문화의 기초』. 도서출판 한울.

일연. 1999. 『사진과 함께 읽는 삼국유사』. 리상호 역주·강운구 사진. 까치글방.

장미경. 2002. 『페미니즘의 이론과 정치』. 문화과학사.

정수일. 2005. 『한국 속의 세계 (하)』. 창비.

정신. 2007. 『축제사례연구: 축제를 즐겨라』. 축제경영연구소.

정희진. 2005. 『페미니즘의 도전: 한국 사회 일상의 성정치학』. 교양인.

조순경. 2000. 『노동과 페미니즘』. 이화여자대학교 출판부.

존슨, 폴Paul Johnson. 2005. 『유대인의 역사 1, 2, 3』(전 3권). 김한성 옮김. 살림.

줄리아노티, 리처드Richard Giulianotti. 2004. 『축구의 사회학: 지구를 정복한 축구공, 지구를 말하다』. 복진선 옮김. 현실문화연구.

진중권. 2002. 『춤추는 죽음 1』. 세종서적.

촐, 라이너Rainer Zoll. 2008. 『오늘날 연대란 무엇인가』. 최성환 옮김. 도서출판 한울.

최협·김성국·정근식·유명기. 2004. 『한국의 소수자, 실태와 전망』. 도서출판 한울.

카네티, 엘리아스Elias Canetti. 2002. 『군중과 권력』. 강두식·박병두 옮김. 바다출판사.

칼버트, 피터Peter Calvert. 2002. 『혁명』. 김동택 옮김. 이후.

코트, 리처드 G. Richard G. Cote. 2001. 『웃음의 신학』. 정구현 옮김. 가톨릭대학교 출판부.

크로산, 존 도미닉John Dominic Crossan. 2000. 『역사적 예수』. 김준우 옮김. 한국기독교연구소.

_____. 2001. 『예수: 사회적 혁명가의 전기』. 김기철 옮김. 한국기독교연구소.

토크빌, 알렉시스 드Alexis de Tocqueville. 1997. 『미국의 민주주의 Ⅰ, Ⅱ』(전 2권). 임효선·박지동 옮김. 한길사.

트리포나스, 피터 페리클레스Peter Pericles Trifonas. 2003. 『움베르토 에코와 축구』. 김운찬 옮김. 이제이북스.

페스트, 요아힘 C.Joachim C. Fest. 1997. 『히틀러 평전 Ⅰ, Ⅱ』(전 2권). 안인희 옮김. 푸른숲.

페이트만, 캐럴Carole Patenman. 2001. 『남과 여, 은폐된 성적 계약』. 이충훈·유영근 옮김. 이후.

포어, 프랭클린Franklin Foer. 2005. 『축구는 어떻게 세계를 지배했는가』. 안명희 옮김. 말글빛냄.

프라이스, 로저Roger Price. 2001. 『혁명과 반동의 프랑스사』. 김경근·서이자 옮김. 개마고원.

하비, 데이비드David Harvey. 2005. 『모더니티의 수도 파리』. 김병화 옮김. 생각의나무.

하이어스, 콘라드Conrad Hyers. 2005. 『그리고 하나님이 웃음을 창조하셨다』. 양인성 옮김. 아모르문디.

한국브리태니커온라인에서 '공산주의' 검색, http://preview.britannica.co.kr/bol/ - topic.asp?article_id=b02g0515b

한국영화학교수협의회 엮음. 1986. 『영화란 무엇인가』. 지식산업사.

한홍구. 2003. 『대한민국사 2』. 한겨레신문사.

허균 외. 2003. 『홍길동전』. 설중원 편. 소담출판사.

허위안춘. 2008.4.12. "베이징 올림픽 Vs 베를린 올림픽". SOH 희망지성 국제방송, http://www.soundofhope.kr/bbs/board_view.php?bbs_code=bbsIdx16&bbs_number=270&page=2&keycode=&keyword=

헌팅턴, 새뮤얼Samuel P. Huntington. 1999. 『미국정치론: 부조화의 패러다임』. 장원석 옮김. 오름.

홉스봄, 에릭Eric Hobsbawm 외. 2004. 『만들어진 전통』. 박지향·장문석 옮김. 휴머니스트.

황상민. 2000. 『사이버공간에 또 다른 내가 있다』. 김영사.

히틀러, 아돌프Adolf Hitler. 1988. 『나의 투쟁』. 이명성 옮김. 홍신문화사.

지은이_김홍열

서울에서 태어났다. 연세대학교에서 독문학·국문학을 공부했고, 성공회대학교에서 사회학 석사·박사과정을 마치고 정보사회학 분야의 박사논문을 준비하고 있다. 현재 ≪월간 이벤트≫ 자문위원과 성공회대학교 외래 교수로 활동하고 있으며, 정보통신 분야에서 일한 경험으로 정보사회의 인문학적 패러다임에 관심이 많다. 쓴 글로는 「영상목회의 가능성과 사례」(≪크리스천투데이≫, 2008)와 「디지털 사이니지의 기원과 탄생」(≪팝사인≫, 2009) 등 인문학으로 정보 패러다임을 분석한 글이 있다.
E-mail: firrenze@hanmail.net

축제의 사회사 인문학의 눈으로 축제 들여다보기

ⓒ 김홍열, 2010

지은이 김홍열
펴낸이 김종수
펴낸곳 도서출판 한울

편집책임 박록희
편집 배유진

초판 1쇄 인쇄 2010년 7월 19일
초판 1쇄 발행 2010년 8월 2일

주소 413-832 파주시 교하읍 문발리 507-2(본사)
　　　121-801 서울시 마포구 공덕동 105-90 서울빌딩 3층(서울 사무소)
전화 영업 02-326-0095, 편집 02-336-6183
팩스 02-333-7543
홈페이지 www.hanulbooks.co.kr
등록 1980년 3월 13일, 제406-2003-051호

Printed in Korea.
ISBN 978-89-460-4314-5 03330(양장)

* 책값은 겉표지에 있습니다.